Др Ве

Устный перевод с языка более широкого общения на язык

Случай с английским языком в Могамо

ScienciaScripts

This book is a translation from the original published under ISBN 978-620-7-44951-4.

Publisher:
Sciencia Scripts
is a trademark of
Dodo Books Indian Ocean Ltd. and OmniScriptum S.R.L publishing group

120 High Road, East Finchley, London, N2 9ED, United Kingdom
Str. Armeneasca 28/1, office 1, Chisinau MD-2012, Republic of Moldova, Europe

ISBN: 978-620-6-94117-0

Др Веребеси Лютер Тетух

Устный перевод с языка более широкого общения на язык

ПОСВЯЩЕНИЕ

*Моим дорогим родителям, Веребеси Паудеру и Джулии Ачо,
светлой памяти*

БЛАГОДАРНОСТИ

Эта диссертация была успешно завершена благодаря значительным вкладам, полученным с разных сторон. Я выражаю глубокую благодарность моим научным руководителям, доктору Су Джозефу Че и г-же Терезе Присо, которые, несмотря на свою огромную занятость, нашли время прочитать рукопись и внести ценные предложения по улучшению качества работы. Особую благодарность я выражаю г-ну Ванчиа Титусу, который всегда был доступен и готов подсказать, внести предложения, полезный вклад и исправления для успешного выполнения работы. Я также выражаю глубокую признательность Университету Буэа за предоставленный мне доступ к библиотеке. Я особенно благодарен моей дорогой жене Джоан Мэри Кемджей и нашим детям: Вумне-Нюю, Кернюю, Лютеру-младшему и Фомонюю, за то, что они справлялись с моими регулярными отлучками из дома из-за учебы, и за их неустанные молитвы. Моя сестра, Джули Эчик, и брат, Веребеси Эсау, не остались в стороне. Я также в долгу перед всеми специалистами, с которыми я беседовал в ходе этого исследования. Особую благодарность я выражаю своим однокурсникам, с которыми мы вместе переживали бурю в течение двух лет, особенно Сильванусу Эви Аква, который вычитал эту работу. Печать этой работы была осуществлена благодаря Очи Бриджет. Наконец, я в долгу перед всеми другими людьми, которые помогали мне интеллектуально, материально и морально в ходе этого исследования.

АБСТРАКТ

В данной работе рассматриваются проблемы, связанные с устным переводом с английского языка (языка более широкого общения) на язык могамо (язык более узкого общения). Для достижения этой цели была поставлена задача изучить историю и практику устного перевода на территории Могамо, авторов и причины, стоящие за этой деятельностью. Данные были собраны из различных источников, в частности, из интервью с естественными переводчиками, специалистами и реципиентами устного перевода. Для сбора данных также использовалась запись интерпретируемых проповедей. Результаты анализа показали, что устный перевод с английского языка на могамо сопряжен с целым рядом трудностей, наиболее значительной из которых является наличие в могамо множества английских заимствованных слов. Хотя такое обилие заимствованных слов может считаться негативным для языка могамо, было установлено, что благодаря этой деятельности он обогатился на фонологическом, семантическом, морфологическом и лексическом уровнях.

ОГЛАВЛЕНИЕ

СПИСОК СОКРАЩЕНИЙ

AU: African Union

AIDS: Acquired Immune Deficiency Syndrome

ASTI: Advanced School of Translators and Interpreters

EU: European Union

HIV: Human Immunodeficiency Virus

ICTs: Information and Communications Technologies

LLD(s): Language(s) of Limited Diffusion

LNC(s): Language(s) of Narrower Communication

LWD(s): Language(s) of Wider Diffusion

LWC(s): Language(s) of Communication

MOLCOM: Moghamo Language Committee

PC: Presbyterian Church

PCC: Presbyterian Church in Cameroon

SL: Source Language

TL: Target Language

UN: United Nations

UNESCO: Untied Nations Education, Scientific and Cultural Organisation

VOM: Voice of Moghamo (a Community Radio)

ГЛАВА I

ОБЩИЕ СВЕДЕНИЯ ВВЕДЕНИЕ

1.1 История вопроса

В колониальном прошлом Камеруна сначала использовались португальский и немецкий языки, а затем английский и французский, которые являются двумя официальными европейскими импортированными языками, используемыми в Камеруне сегодня. К ним добавляются два широко распространенных франкских языка, такие как пиджин-английский и камфранглас, на которых говорит в основном молодежь страны. После того как колониальные языки были установлены, колониальные хозяева преуменьшили значение развития национальных языков и предпочли использовать свои. Однако иногда национальные языки использовались, если интересы колониальных хозяев не подвергались угрозе. Временами некоторые из них развивались и стандартизировались по религиозным и политическим причинам, как, например, дуала и мунгака. Это происходило в ущерб другим национальным языкам, которые колониальные хозяева обычно отодвигали на задний план и считали "примитивными". Как следствие, на сегодняшний день очень немногие камерунские языки, включая могамо, получили лингвистическое развитие. Ситуация еще более усугубляется языковой ситуацией в Камеруне, который считается микрокосмом Африки, поскольку в нем представлены три из четырех лингвистических фил Африки. Фактически, Камерун - это плавильный котел с множеством колониальных и национальных языков. Помимо официальных (французского и английского) в Камеруне распространены два гибридных языка: пиджин-английский и камфрангласский. Кроме того, Битжаа Коди (2003), цитируемый Билоа (2004:1), утверждает, что в Камеруне используется более 285 национальных языков. Логично предположить, что земля Могамо, расположенная в Северо-Западном регионе Камеруна, должна испытывать на себе влияние исторической и языковой ситуации в Камеруне. Учитывая, что могамо, как и многие другие национальные языки, все еще находится в стадии лингвистического развития, устный перевод на него или с него иногда представляет собой довольно сложную задачу. Сложности варьируются в зависимости от области, в которой осуществляется устный перевод, особенно если учесть, что могамо является языком узкого общения (LNC) по сравнению с английским, языком более широкого общения (LWC). Таким образом, именно на этом фоне и основывается настоящее исследование. Описав историю вопроса, необходимо сформулировать проблему.

1.2 Заявление о проблеме

Посещая церковные службы и судебные заседания в стране Могамо, можно обнаружить, что устный или письменный перевод наполнен большим количеством заимствованных слов из колониальных языков Могамо: французского и английского, а также пиджин-английского. Это касается и других собраний, на которых представители элиты Могамо призваны обращаться к аудитории на родном языке. Временами возникает вопрос, не превратит ли это огромное количество иностранных слов могамо в гибридный язык или пиджин-могамо. В такой ситуации возникает ряд вопросов:

1- Каковы ставки при переводе с более широкого языка, такого как английский, на более узкий, такой как могамо?
2- Кто является действующими лицами или авторами таких интерпретаций? Какова их биография, уровень подготовки или образования?
3- Насколько верно они передают послания с английского на могамо?
4- Чем объясняется обилие заимствований в могамо? Связано ли это с недостатком словарного запаса в могамо для выражения понятий, легко выражаемых в языке-источнике?
5- Как такое положение дел отразится на судьбе Могамо? В двух

словах, является ли оно источником процветания или вреда для Могамо, или и того, и другого?

6- Каковы перспективы Могамо или каков дальнейший путь?

1.3 Цели исследования

Цели исследования делятся на две части: общая цель и конкретные цели.

1.3.1 Общие сведения Цель

Изучить трудности, связанные с устным переводом с языка более широкого общения (английского) на язык более узкого общения (могамо).

1.3.2 Конкретные цели

1- Определить участников интерпретационной деятельности на земле Могамо.

2 - Определить, где, как и при каких обстоятельствах они толкуются.

3- Определить их биографию, уровень образования и подготовки.

4- Рассказать о трудностях, с которыми они сталкиваются при выполнении своих обязанностей переводчиков.

5- Оценить влияние на эффективную коммуникацию в условиях Могамо

6- Показать влияние их интерпретаций на язык могамо и рецепторы интерпретации.

1.4 Гипотеза

В связи с вышеизложенной проблемой в данном исследовании выдвинута гипотеза о том, что для адекватного и легкого перевода с такого широкого языка общения, как английский/пиджин английский, на такой узкий язык общения, как могамо, последний должен быть достаточно развит в лингвистическом плане. Если этим пренебречь, у переводчика, работающего с любого языка LWC на могамо, всегда будут возникать проблемы.

1.5 Методология

В рамках методологии рассматриваются следующие аспекты: дизайн или подход к исследованию, переменные, контекстуальные рамки, концептуальные рамки, процедурные рамки, инструменты или средства, сбор данных и анализ данных.

1.5.1 Исследование Подход

Основной подход, использованный в данном исследовании, - качественный. Он предполагает целостный подход к сбору данных. Как уже говорилось выше, качественный подход используется для анализа собранных данных. В двух словах, этот подход - тот, в котором данные в основном описательные, с акцентом на слова, а не на цифры. Подход используется для описания записанных проповедей, речей, интервью и диалогов, с целью выявления трудностей, возникающих при переводе с английского на могамо. Акцент на словах не исключает использования цифр время от времени.

1.5.2 Исследовательские приборы

В качестве инструментов исследования используются интервью, дискуссии и наблюдение за участниками. Эти инструменты позволят исследователю собрать необходимую информацию, чтобы определить, что на самом деле преобладает в этой области, когда речь идет об устном переводе с LWC на LNC.

1.5.3 Данные Сбор данных

Учитывая, что устный перевод является исключительно устным занятием, данная работа ограничивается записью устных проповедей и их интерпретаций на могамо в церквях и/или судах, речей, произнесенных на собраниях представителей элиты, и бесед с некоторыми представителями могамо. Также опрашиваются получатели интерпретированных сообщений. Подробная информация об инструментах исследования, методах сбора и анализа данных представлена ниже в разделе 3.2.

1.5.4 Данные Анализ

После сбора данных для их анализа используется качественный подход. Для этого будут прослушаны записанные проповеди и/речи, а некоторые фрагменты переведены. Также будут изучены интервью. Все это направлено на выявление проблем, возникающих при устном переводе с ЖЯ на НЯК.

1.5.5 Переменные

После тщательного изучения исследуемой темы четко выделяются две основные переменные: языки широкого общения (LWC) и языки узкого общения (LNC). Обе переменные коррелируют в том смысле, что устный перевод с английского языка (LWC) на язык могамо (LNC) является довольно сложной задачей, поскольку последний не так развит, как первый.

1.5.6 Контекстная система

Хотя предполагается, что каждый язык является независимым и понятным, Могамо, развитие которого было прекращено еще в колониальные времена, скорее всего, будет несовместим при передаче на него сообщения с такого высокоразвитого языка, как английский. Учитывая эту очевидную проблему совместимости между LWC и LNC, необходимо изучить, насколько целесообразно, возможно или легко переводить с первого языка на второй. Ситуация усугубляется установленным государством официальным двуязычием и языковой политикой в Камеруне, которая с колониальных и постколониальных времен не поощряет развитие национальных языков в пользу западных языков. Следовательно, Могамо неизбежно пострадает от этого, отсюда и суть данной исследовательской работы. При таком положении дел возникает несколько вопросов: Насколько легко носителям такого языка, как могамо, получить доступ к информации о передовых технологиях, как носителям английского языка? Насколько легко или трудно переводить устно или устно с английского на могамо?

1.5.7 Концепция

На данном этапе целесообразно выделить и определить некоторые ключевые понятия, чтобы устранить любую форму двусмысленности, связанную с их использованием в данной работе. Из формулировки темы четко выделяются четыре понятия, а именно: устный перевод, язык более широкого общения, язык более узкого общения и Могамо. Эти понятия взаимосвязаны, поскольку в теме говорится об устном переводе, который всегда осуществляется с одного языка (английского) на другой (могамо), причем оба языка являются LWC и LNC соответственно.

1.5.7.1 Интерпретация

Начнем с того, что устный перевод часто используется для обозначения "устного перевода устного сообщения или текста" (Shuttleworth 1997:83). Как и письменный перевод, он используется для преодоления коммуникативного разрыва, вызванного неспособностью обеих сторон, присутствующих на встрече, понять друг друга. Другими словами, это означает прослушивание устного сообщения на одном языке и его последующее преобразование в другое устное сообщение на другом языке. Следует сразу подчеркнуть, что устный и письменный перевод, как правило, многие люди путают, подразумевая под ними одно и то же понятие. На самом деле обе профессии действительно отличаются друг от друга. В двух словах, устный перевод заключается в работе с устным языком на устный язык или язык жестов, в то время как письменный перевод должен быть письменным. Более подробно эти тесно связанные термины будут рассмотрены во второй главе данного исследования.

1.5.7.2 Язык более широкого общения

Язык более широкого общения (LWC) - это язык, который люди обычно используют для общения, преодолевая языковые и культурные барьеры. Согласно Bamgbose (1991:56), LWC должен быть тем языком, который является "средством науки и техники". К языкам широкого общения относятся английский, французский, испанский и даже пиджин, основанный на английском языке, как, например, в Камеруне и Нигерии. Как правило, они используются на международном уровне. В связи с этим многие правительства стремятся отодвинуть языки коренных народов на второй план или даже отказаться от них. Языки LWC также известны как языки широкого распространения (Nama 1990:356-369).

1.5.7.3 Язык более узкого общения

Бамгбозе (1991:20) считает, что термин LWC предполагает существование языков более узкого общения (LNC). Речь идет о языках, которые не используются широко для общения между языковыми или культурными границами. Эти языки используются в небольших кругах или сообществах и гораздо менее развиты по сравнению с LWC. По словам Нама (там же), все камерунские языки, на которые переводили Библию д-р Вильхауэр и Элиза Ндифон, преподобный Джозеф Меррик и преподобный Альфред Сакер и многие другие, обычно называются LWD (Languages of Limited Diffusion)

Международной федерацией переводчиков (FIT). Это означает, что некоторые авторы также называют LNC LLD. Исходя из двух вышеупомянутых способов обозначения LWC/LWDs и LNCs/LLDs, необходимо сразу же пояснить, что оба варианта не будут использоваться в данной работе. Исследователь выбрал LWC и LNC, потому что, по его скромному мнению, слово diffusion пахнет по-французски. В англосаксонском контексте, как у нас, выбор слова communication в противовес diffusion должен быть более удачным. Более подробно о языках широкой коммуникации и языках более узкой коммуникации будет рассказано во второй главе данного исследовательского проекта.

1.5.7.4 Могамо

Могамо - клан, входящий в этническую группу Видикум. Административно он находится в подрайоне Батибо, расположенном в округе Момо в Северо-Западном регионе Камеруна. Могамо имеет три различных значения:
1) Язык, на котором говорят жители этой местности;

2) Этот народ иначе называют могамоанцами;
3) Географическая область, в которой живут могамоанцы.
В этой работе каждый раз, когда используется слово Могамо, оно относится либо к земле, либо к их языку. Другие названия, такие как Батибо и страна Могамо, также используются для обозначения земли Могамо. Из вышеуказанных выявленных и определенных понятий видна взаимосвязь между устным переводом, LWCs, LNCs и Moghamo. Главная цель устного перевода - передать сообщение. Эта коммуникация возможна только благодаря языкам. Это касается английского и могамо, которые рассматриваются в данной работе.

1.5.8 Теоретическая база

В ней рассматриваются теории, применимые к данному исследованию: теории культуры, коммуникации и перевода. В дополнение к этим теориям рассматривается также лингвистическая дистанция, которая является важным аспектом для письменного и устного перевода. Доли секунды умственной деятельности мозга переводчика требуют рассмотрения теорий, относящихся к вышеуказанным четырем аспектам. Подробное рассмотрение этих аспектов будет проведено в дальнейшем в данной работе в рамках теоретических и процедурных основ в третьей главе данной работы.

1.5.9 Процедурные рамки

В этом разделе рассматривается процедура, использованная для сбора и анализа данных. В нем также описываются использованные инструменты исследования, информанты и места, где собирались данные до их анализа.

1.6 Сфера охвата исследования

Общеизвестно, что некоторые языки, такие как английский, французский, русский и португальский, являются лингвистически развитыми, а другие, например большинство африканских языков, - лингвистически неразвитыми. Поэтому устный перевод с первого на второй, скорее всего, будет сопряжен с рядом трудностей. В связи с тем, что любая исследовательская работа должна быть ограничена рамками, данное исследование ограничивается изучением степени эффективности коммуникации и проблем, связанных с устным переводом с языка более широкого общения, такого как английский/пиджин английский, на язык более узкого общения, такой как могамо.

1.7 Значение исследования

Его цель - повысить осведомленность о проблемах, связанных с переводом с LWC на LNC, например, могамо. Таким образом, разработчики и заинтересованные стороны примут срочные меры, прежде чем коренные языки будут отброшены в пользу языков "престижа". В то же время это скромный вклад в сохранение языка могамо, который быстро истощается из-за высоких темпов оттока населения из сельской местности, распространения грамотности, межплеменных браков и культурного отчуждения. Самое главное - необходимо как можно скорее сохранить еще не разработанный или задокументированный язык могамо, пока не умерли те немногие мудрые мужчины и женщины, которые еще живы. Иными словами, речь идет о "плаче по любимому" языку могамо, главная цель которого - обеспечить легкость любого устного перевода на него.

1.8 Структура работы

Эта работа состоит из шести глав. Она открывается общим введением, которое заменяет собой главу 1. В этой главе дается общее введение, включающее в себя историю проблемы, постановку проблемы, цели, гипотезу, методологию, значение, объем и структуру работы.В главе 2 следует обзор соответствующей литературы, в котором рассматривается историческое, географическое и лингвистическое окружение Могамо. Также дается определение устного перевода, его различных видов, при этом четко указывается разница, существующая между этим понятием и переводом. Также описываются техники устного перевода. В этой главе также проводится различие между языками широкого распространения, или LWC, и LNC, иначе называемыми языками ограниченного общения.

Глава 3 посвящена рассмотрению методологических и процедурных основ данного исследования. Глава 5 посвящена интерпретации LWC в LNC. Она состоит из двух основных частей. Первая посвящена истории и практике устного перевода в Могамо с доколониального периода до настоящего времени, типам и способам устного перевода, практикуемым здесь. Во второй части рассматривается перевод с LWC на LNC: случай английского языка и Могамо. Кроме того, здесь приводится перечень некоторых заимствованных слов в могамо и делается попытка представить их возможные эквиваленты. Прежде чем составить список заимствованных слов (лексических единиц), рассматриваются другие лингвистические аспекты, такие как фонология, семантика и морфология. Кроме того, предлагаются перспективы и возможные решения с целью ограничения широкого спектра иностранных элементов, встречающихся при разговоре или устном переводе в Могамо. В последней главе представлено общее заключение, в котором подводятся итоги работы, обобщаются полученные результаты, даются рекомендации, указываются трудности и высказываются предложения по дальнейшим исследованиям. После общего введения в работу, следующая глава посвящена обзору литературы с целью ознакомиться с тем, что уже было написано переводчиками по вопросам устного перевода, LWC и LNC.

ГЛАВА II

ОБЗОР СООТВЕТСТВУЮЩЕЙ ЛИТЕРАТУРЫ

2.0 Введение

Эта глава посвящена обзору литературы по устному переводу и языкам более широкого общения и языкам более узкого общения. В ней также освещается имеющаяся информация о языковой политике Камеруна.

2.1 Определение Интерпретация

По общему мнению, устный перевод - это более древний вид деятельности, чем письменный перевод, и его история не очень хорошо документирована. Кристенсен (Christensen, 1986:14) определяет устный перевод как "целостную форму коммуникации, в которой факты сочетаются с чувствами, чтобы затронуть людей эмоционально, а также интеллектуально. Полевые переводчики - это люди, которые участвуют в этом сложном процессе". Хотя приведенное выше определение подчеркивает тот факт, что коммуникация является сущностью устного перевода и что сама по себе эта практика представляет собой нелегкую задачу, оно не подчеркивает устность сообщения или переход от одного устного сообщения к другому устному сообщению. Шаттлворт (1997:83), со своей стороны, уточняет этот момент, когда он утверждает, что устный перевод часто называют "устным переводом устного сообщения или текста". Эта идея еще более упрощается Фелан (2001:6), когда она заявляет, что устный перевод происходит, когда один человек устно переводит услышанное на другой язык. Устность сообщения или коммуникации является ключевым моментом в устном переводе. Как уже говорилось в первой главе данной работы, многие люди часто путают устный и письменный перевод. Что же отличает эти два понятия?

2.1.1 Разница между устным и письменным переводом

Как правило, многие непрофессионалы легкомысленно полагают, что если человек владеет двумя языками, то он может быть переводчиком. По мнению таких людей, став переводчиком, человек автоматически становится способным к устному переводу. Это далеко не так. Как уже говорилось выше, разница между двумя терминами довольно проста: первый всегда устный, а второй - письменный. Или, как выразился Нильский (1967:45), письменный перевод - это письменная передача текстов, а устный перевод - устная передача устных сообщений. Однако стоит отметить, что письменный текст может быть преобразован в устное сообщение. В таком случае речь идет о зрительном переводе. Чтобы отличить обычный перевод от зрительного, некоторые ученые называют первый "письменным переводом", а второй - "устным переводом".

2.1.2 Нюансы между устным и письменным переводом

Во многих книгах и/или документах по интерпретации очень мало или совсем ничего не говорится о разнице, которая существует между интерпретацией и интерпретацией. В двух словах, и то, и другое в большинстве этих книг означает одно и то же. Однако между ними существует небольшая разница. На самом деле, "интерпретация" подразумевает "расшифровку и попытку передать [свое] понимание значений и намерений говорящего" (Morris 1995:27, цит. по Shuttleworth 1997:33).
Как уже говорилось, устный перевод - это перевод устного или письменного сообщения на другой язык без попытки передать свое понимание смысла или намерений говорящего. Другими словами, в устном переводе не допускаются чувства или личные мнения переводчика.

2.2 Способы перевода

Можно выделить различные способы и типы устного перевода в зависимости от контекста, в котором он происходит, например, устный перевод в сообществе, или способа, которым он осуществляется, например, последовательный устный перевод. Тем не менее, очевидно, что некоторые из этих категорий пересекаются (Shuttleworth 1997:84). Согласно Селесковичу (1978:3), существует два основных способа устного перевода: последовательный и синхронный. В дополнение к ним существуют еще четыре, а именно: шепотный, ретрансляционный, связной и зрительный перевод. В данном исследовании мы рассмотрим каждый из них с высоты птичьего полета.

2.2.1 Последовательный перевод

Последовательный перевод - самый старый из шести вышеперечисленных способов. При последовательном переводе переводчик слушает речь, одновременно делая записи. Как только оратор заканчивает или прекращает говорить, переводчик встает и произносит речь на родном языке. В наши дни речь может длиться до пятнадцати минут, хотя в прошлом нередко речь длилась тридцать минут и более. Согласно Фелану (2001:9), ведение заметок занимает центральное место в последовательном переводе. Каждый практикующий устный переводчик разрабатывает свои собственные техники ведения записей. Одни используют большое количество символов, другие - почти не используют.

Заметки одного переводчика, скорее всего, будут совершенно неразборчивы для любого другого читателя. На международных встречах или конференциях последовательный перевод используется только тогда, когда невозможно применить синхронный. Этот вид устного перевода, который пережил свой расцвет в Лиге Наций, а затем в Совете Безопасности

Организации Объединенных Наций, встречается все реже. Селескович также утверждает, что только 10 % последовательного перевода все еще практикуется, и это происходит в основном на конференциях и семинарах с использованием только двух языков.

2.2.2 Синхронный перевод

Синхронный перевод является вторым основным видом устного перевода после последовательного. При этом способе устного перевода слушатель слышит перевод одновременно с произнесением речи. Это означает, что переводчик слушает речь на исходном языке и переформулирует ее на языке перевода практически одновременно с ее произнесением. При синхронном переводе переводчик выступает как некое невидимое существо, сидящее в кабине и работающее с наушниками и микрофоном. Это оборудование необходимо для полноценного синхронного перевода. Именно после Второй мировой войны и появился синхронный перевод. Собственно говоря, впервые этот способ перевода был применен на Нюрнбергском процессе после окончания Второй мировой войны. С тех пор он проник во все сферы. Вряд ли найдутся международные организации (ООН, ЮНЕСКО, АС и ЕС) и телевизионные судебные процессы, в которых не использовался бы синхронный перевод. Бесчисленные неправительственные конференции и собрания также используют его. По словам Шаттлворта (1997:155), вопреки распространенному мнению, переводчики обычно подходят к заданию после того, как у них есть возможность ознакомиться с некоторыми документами, прежде чем начать устный перевод. Однако это не означает, что задание будет выполнено без заминок. Конечно, существуют трудности различного характера: темп, диктуемый оратором, невозможность обращения к какому-либо небольшому фрагменту текста, отсутствие общих или специальных знаний, ожидаемых оратором, и задержка с ответом, чтобы получить больше времени на обдумывание. Несмотря на эти препятствия, от переводчиков требуется использовать профессиональные приемы, чтобы преодолеть их и продолжать работу.

2.2.3 Устный перевод шепотом

Это третья форма устного перевода, при которой переводчик сидит рядом с клиентом или делегатом, для которого он переводит, и шепчет интерпретированную версию сказанного. Фелан (2001:2), однако, утверждает, что большинство в этой ситуации говорят низким голосом, а не шепчут как таковые. Это распространено в различных ситуациях, таких как деловые встречи, конференции, государственные ужины и судебные процессы. Обычно это происходит одновременно, но иногда и последовательно (Mackintosh 1995:125, цит. по Shuttleworth 1997:197). Несмотря на это, он не соответствует собственно синхронному переводу, поскольку переводчик работает не из кабинки.

2.2.4 Релейный перевод

Согласно Селесковичу и Ледереру (1989:1999), цитируемым Шаттлвортом (1997:142), ретрансляционный устный перевод - это устный перевод между двумя (обычно менее распространенными) языками через третий язык-посредник. Эта форма устного перевода, встречающаяся в конференциях, необходима, когда нет одного переводчика, способного переводить как на исходный, так и на целевой язык. Например, на конференции, где присутствуют английские, французские, греческие и датские делегаты, возможно перевести речи на датском языке для греческих делегатов, предварительно переведя их на английский или французский. В такой ситуации второй переводчик не имеет прямого доступа к коммуникативным особенностям оригинальной спонтанной речи оратора и, вероятно, не знаком с культурой языка-источника. Таким образом, он может лишь переводить с английского или французского, чтобы держать греческих делегатов в курсе происходящего на встрече. Стоит отметить, что эстафетный перевод также сопряжен с определенными трудностями. Джонс (Jones, 2002:122) утверждает, что переводчик, выполняющий функцию ретрансляции, работает в условиях, которые необходимо учитывать. Они работают не только непосредственно на аудиторию, но их перевод также должен служить исходным текстом для одного или нескольких коллег. Необходимо, чтобы их перевод был достаточно качественным, чтобы служить исходным текстом.

2.2.5 Устный перевод по связям или двусторонний устный перевод

Кит (1985:1), цитируемый Шаттлвортом (1997:93), определяет его как форму устного перевода, при которой "человек, владеющий двумя языками, выступает посредником в разговоре между двумя людьми, не говорящими на "языке" друг друга". Хотя устный перевод наиболее тесно связан с устным переводом на уровне общин, он используется в любых небольших контекстах, таких как деловые встречи, официальные визиты или неформальные беседы. Устный перевод по связи является двунаправленным и обычно выполняется последовательно предложение за предложением. Тем не менее, он не относится к категории последовательного устного перевода, поскольку этот термин обычно используется для более тесной процедуры, которая включает в себя ведение записей. Практика устного перевода со связью встречается, вероятно, во всех многоязычных обществах. Цитируя Озолинса (1995:154), Шаттлворт (там же) утверждает, что эта профессия находится в зачаточном состоянии и часто используется всеми, кто случайно знает два языка, о которых идет речь, включая некоторые случаи, когда речь идет о члене семьи одной из сторон, участвующих в переговорах.

2.2.6 Зрительный перевод

При зрительном переводе переводчиков обычно просят читать и переводить документы вслух. Это может происходить в различных ситуациях: на деловых встречах - перевести какой-либо материал, а при судебном переводе - юридические документы. Если переводчику необходимо время для детального ознакомления с документом, прежде чем переводить его вслух или устно, он должен без колебаний попросить об этом.

2.3 Виды устного перевода

Как уже говорилось, тип устного перевода связан с контекстом, в котором он осуществляется. В зависимости от контекста существует множество видов: конференц-перевод, судебный или юридический перевод, общественный перевод, медицинский перевод, устный перевод на язык жестов, телефонный перевод, телевизионный перевод, перевод в режиме видеоконференции, а также прослушивание и расшифровка магнитофонных записей.

2.3.1 Конференц-перевод

Термин "конференц-перевод" означает использование последовательного или синхронного перевода на конференции или встрече. Точнее, это вид устного перевода, который используется на международных конференциях, а также на таких важных мероприятиях, как лекции, телепередачи или саммиты организаций. В настоящее время синхронный перевод гораздо более распространен, чем последовательный, и используется почти исключительно на международных конференциях. Хотя синхронный перевод является основным видом перевода, используемым на международных конференциях, иногда требуется и шепотный перевод.

В конференц-переводе языки делятся на три типа: "A", "B" и "C". Языки "A", известные как активные языки, - это те, которыми устные переводчики владеют на уровне носителя языка и на которых они работают как с ними, так и на них. Языки В, иначе называемые пассивными, - это языки, которые переводчики знают почти как родные, и на которые они также должны переводить. И наконец, языки С - это те, с которых устный переводчик может переводить только с одного языка (Gile 1995a:209, цит. по Shuttleworth 1997:27). История конференц-устного перевода относительно недавняя - с момента его появления прошло не более восьмидесяти лет. Тем не менее, только после разработки техники синхронного перевода и связанных с ней технологий он приобрел известность как отдельная категория устного перевода. Несмотря на то что он появился относительно недавно, это "самая престижная форма устного перевода и самая финансово выгодная" (Phelan 2001:6).

2.3.2 Судебный перевод

Это еще один вид устного перевода, определяемый контекстом, в котором он осуществляется. Хотя этот термин чаще всего обозначает устный перевод в зале суда, он охватывает и деятельность переводчика в других юридических ситуациях: в тюрьме или полицейском участке. Клиентом обычно является обвиняемый или свидетель, и, как правило, он принадлежит к иммигрантской общине. Основная цель судебного перевода - дать клиенту возможность участвовать в судебном процессе. Такой перевод должен быть двунаправленным. Судебный перевод, как правило, является последовательным или связным, хотя могут использоваться и другие способы, такие как синхронный - на телевизионных процессах и шепотом. Согласно этическому кодексу, тайна и беспристрастность являются непременным условием для судебных переводчиков. От них ожидают клятвы в том, что они будут переводить "точно и верно", хотя эта практика все же поднимает ряд важных вопросов, касающихся самой природы устного перевода. Любой неверный и неточный перевод вреден как для клиента, так и для переводчика. Последнее равносильно судебному преследованию, если такой перевод будет иметь место. Именно по этой причине переводчикам запрещено предлагать "интерпретацию" - в смысле "расшифровку и попытку передать свое понимание значений и намерений говорящего" (Morris 1995:27, цит. по Shuttleworth 1997:33).

2.3.3 Общественный переводчик

Этот вид устного перевода имеет различные названия: устный перевод на базе сообщества, диалог или контактный устный перевод, устный перевод для общественных служб или специальный устный перевод. Цитируя Даунинга и Хелмса Тилки (1992:2), Шаттлворт (1997:23) утверждает, что цель этого вида устного перевода - обеспечить доступ к общественным услугам для людей, которые не говорят на языке большинства в обществе, в котором они живут. В таких ситуациях, как полиция и (внесудебные) судебные заседания, школы (родительские собрания), общественная безопасность, собеседования при приеме на работу, услуги общественных организаций, а также медицинские и психиатрические учреждения. Чаще всего он используется в таких странах, как США, Германия, Великобритания и Швеция, где проживают крупные этнические общины. Несколько десятилетий назад этот вид устного перевода выполнялся "необученными билингвами". В настоящее время он приобретает более профессиональный характер в связи с тем, что многие общества становятся все более многокультурными и многоязычными. Общинный перевод обычно происходит в ситуации "один на один" и имеет тенденцию к двунаправленному переводу. Сообщение, как правило, переводится предложение за предложением, и поэтому нет необходимости в последовательном переводе. Существует вероятность высокого уровня "несовпадения", поскольку в процессе перевода задействован значительный элемент межкультурной транскодировки.

2.3.4 Устный перевод в области медицины и здравоохранения

Исходя из вышеизложенной информации об устном переводе на уровне общины, можно с полным правом утверждать, что данный вид устного перевода относится именно к нему. Однако стоит подчеркнуть, что медицинский устный перевод так же вреден для клиента, как и судебный. Иными словами, любая неверная и неточная интерпретация сообщения оратора чревата не только тем, что врач выпишет пациенту неправильные лекарства, но и тем, что его жизнь окажется под угрозой.

2.3.5 Сопровождающий переводчик

Учитывая, что устный перевод сопровождения имеет отношение к работе с населением или общественностью, для получения подробной информации об этом виде устного перевода можно обратиться к разделу "Общественный перевод".

2.3.6 Сурдоперевод

По словам Фелана (2001:14), сурдоперевод осуществляется для глухих, слабослышащих или плохо слышащих людей, которые не могут понять оригинальную речь. Неслышащие люди оказываются в той же ситуации, что и люди, не говорящие на языке страны, в которой они живут. Этот тип языка воспринимается через визуальную модальность и выражается с помощью ручных и неручных жестов. Существуют разные точки зрения по поводу того, называть ли этот тип языка "языком жестов" или "жестовым языком". Ишам (1998:231-235) утверждает, что большинство неспециалистов называют этот язык "языком жестов", но такого названия не существует. Скорее, каждое сообщество глухих в мире имеет свой собственный язык жестов. Таким образом, в мире существует столько же жестовых языков, сколько и отдельных сообществ глухих. Например, в Соединенных Штатах и большей части Канады используется американский жестовый язык, или ASL; он непонятен для пользователя BSL, или британского жестового языка (там же). Отношение к жестовому языку изменилось. Сегодня язык жестов признан самостоятельным языком. В этом типе языка используются жесты рук и остальных частей тела, включая лицо. В разных странах сформировалось несколько языков жестов. В англоязычном мире отдельно развились американский, британский и ирландский языки жестов. Помимо развитых стран, свои языки жестов есть и в некоторых развивающихся странах: Камерунский жестовый язык (источник: Школа глухих в Буэа). Будучи подмножеством общинного устного перевода, большая часть работы сурдопереводчиков происходит в общинных условиях. Это и приемы у врачей, и школьные занятия, и свадьбы, и брачные консультации, и собеседования, и психотерапия. Установлено, что "переводчики для глухих" или "переводчики жестового языка" выполняют в основном ту же функцию, что и другие переводчики: перекодируют сообщение на исходном языке в формат целевого языка, чтобы другие могли его понять.

2.3.7 Телефонный перевод

Телефонный перевод - это двусторонний устный перевод по телефону. Он широко используется в бизнесе, на медицинских осмотрах и даже в некоторых судах в Америке.

2.3.8 Телевизионный перевод

Синхронный перевод обеспечивается для телевизионных программ, частично для интервью с иностранными гостями, и это лишь некоторые примеры. Речь идет о политиках, музыкантах, спортсменах и женщинах. Этот тип концепции, не распространенный в англоязычном мире, довольно часто встречается в континентальной Европе (Phelan 2001:15).

2.3.9 Устный перевод в режиме видеоконференции

По словам Фелана (Phelan, 2001:16), технология видеоконференций стремительно развивается. Интернет предлагает большой потенциал для проведения живых конференций в будущем. В видеоцентре AT and T в Атланте, штат Джорджия, основное оборудование для видеоконференций состоит из камеры, кодека, монитора, микрофона, пульта управления оборудованием в каждом месте и сетевых сервисов для соединения мест. Некоторые транснациональные корпорации используют видеоконференции как часть процесса подбора персонала.

2.3.10 Прослушивание и расшифровка записей

Многие правоохранительные органы в США и Нидерландах используют прослушку для записи разговоров в частных домах, а также используют мобильные телефонные линии для сбора информации о преступлениях, связанных с наркотиками, и преступных группировках. По данным Административного управления судов США, в 1999 году было подано 1350 заявок на получение разрешения на использование прослушки. По их результатам было произведено 4372 ареста и вынесено 654 обвинительных приговора (Phelan 2001:16-17).

2.4 Техники устного перевода

В этом разделе исследования внимание уделяется главным образом двум основным способам устного перевода. Иными словами, речь идет только о принципах/технике, необходимых при последовательном и синхронном переводе.

2.4.1 Последовательный перевод

Данная работа не претендует на обзор всех имеющихся принципов последовательного устного перевода. Джонс (2002:11-34) выделяет и рассматривает три основных принципа: понимание, анализ и перевыражение. Многие из принципов, отстаиваемых автором, пересекаются. Прежде чем перейти к анализу вышеперечисленных принципов, следует еще раз подчеркнуть, что собственно устный последовательный перевод предполагает ведение записей.

2.4.1.1 Понимание

Понимание - первый принцип, выдвинутый Родериком Джонсом. При устном последовательном переводе первый вопрос, который должен прийти в голову переводчику при прослушивании речи, - это "Что имеет в виду оратор?" или "Постиг ли я смысл речи?". Следует подчеркнуть, что лингвистическое понимание, хотя и является необходимым, но не достаточным условием для того, чтобы переводчик мог эффективно выразить свои мысли на другом языке. Скорее, понимание относится к идеям, поскольку именно идеи, а не слова, должны быть интерпретированы. Переводчик должен быть способен уловить смысл этих идей за долю секунды, поэтому он должен постоянно слушать, проявляя активность и внимательность.

2.4.1.2 Анализ

Анализ, согласно Джонсу (2002:ibid), включает в себя анализ типа речи, выделение основных идей, анализ связей и запоминание.

2.4.1.2.1 Анализ типа речи

Что касается анализа типа речи, то, по мнению вышеупомянутого автора, работая с активным прослушиванием, переводчик может перейти к анализу речи, выяснив, о каком типе речи идет речь. Речи могут быть разных типов: аргументированные/логические, повествовательные (в чисто хронологической последовательности), описательные (сцена или событие), полемические (когда оратор стремится убедить аудиторию) и чисто риторические (когда детали содержания вторичны, а может быть, даже не имеют значения (Jones 2002:2-5) Приведенный выше список типов речи далеко не исчерпывающий. Знание типа речи значительно облегчает работу переводчика, однако это не означает, что впоследствии он будет расслабляться. Скорее, от переводчика требуется использовать этот общий анализ для тонкой настройки конкретного анализа, необходимого для каждой отдельной речи, а затем обратить внимание на говорящего.

2.4.1.2.2 Определение основных идей

Следующий полезный принцип или прием - выделение главных идей. Основные идеи" подразумевают иерархию относительной важности идей. Одна или несколько идей могут быть второстепенными для предложения, а другие - вспомогательными, посторонними или просто иллюстрациями. Однако "второстепенные" или "вспомогательные" идеи не следует понимать неправильно, поскольку они не важны до такой степени, что их не нужно интерпретировать. Кстати, какими должны быть основные идеи речи? По мнению Джонса (Jones, 2002:22), трудно установить жесткие правила относительно того, что считать основными идеями. Обычно считается, что делегатам всегда нужны ответы на три основных вопроса: Кто? Что? и Когда? Или более конкретно: кто что делает, что этот человек говорит и когда он это говорит. Если при прослушивании речи переводчик может легко ответить на вышеупомянутые вопросы, устный перевод становится немного проще.

2.4.1.2.3 Анализ ссылок

Первый ключ к пониманию речи - выделение основных идей, второй - анализ связей между ними. Речь - это далеко не просто сопоставление предложений. Существует определенный способ, которым предложения связаны друг с другом, и эта связь определяет общий смысл речи. Существует четыре основных типа связей: логическое следствие, логическая причина, последовательные идеи и оппозиция. Помимо этих четырех видов связи, идеи могут быть связаны определенными формами речи, которые переводчик должен использовать. Например, переводчик может вставить в речь риторические вопросы. Переводчику остается использовать эти структурирующие приемы в речи, чтобы сделать перевод более четко структурированным и, следовательно, более легким для аудитории.

2.4.1.2.4 Память

При последовательном переводе переводчик слушает речь, а затем воспроизводит ее на другом языке. Это подразумевает, что переводчик должен уметь вспоминать идеи. Для этого ему приходится обращаться к своей памяти. Достаточно сказать, что переводчику невозможно полагаться только на хорошие записи. Даже если бы это было возможно, это было бы нежелательно. Другой вопрос, который стоит подчеркнуть, касается двух важнейших моментов в речи: начала и конца. Последовательный переводчик должен особенно тщательно сконцентрироваться на них и убедиться, что он правильно их уловил. Начало, "точка отправления в путешествие", очень важно. Если переводчик пропустит его, есть вероятность, что он не доберется до конца "путешествия". С другой стороны, конец обычно является самой важной частью речи. Вместо того чтобы ослаблять свое внимание, переводчик должен удвоить уровень концентрации в конце речи.

2.4.1.3 Повторная экспрессия

Поняв и проанализировав речь, последовательный переводчик должен перейти к повторному изложению только что услышанной речи. Всегда признанные ораторы, переводчики должны установить зрительный контакт с аудиторией, говорить четко и внятно. Они также должны произносить речь эффективно, избегая колебаний и ненужных повторений. Они также должны поддерживать устойчивый темп и помнить, что суть устного перевода заключается в общении. По мнению Джонса (Jones, 2002:37): Чем больше у переводчика возможностей выразить идеи оратора своими словами, тем выше качество коммуникации между оратором и аудиторией, а переводчик - всего лишь носитель информации Парадокс в отношении переводчика: чем более креативен переводчик, чем более он верен тексту, чем более он оригинален - улучшая коммуникацию, - тем менее он навязчив для участников встречи! Самые лучшие, самые креативные устные переводчики меньше всего замечаются делегатами. Хотя от переводчика ожидается интеллектуальное восприятие сообщения, полное понимание и анализ передаваемых идей, от него требуется нечто большее. Они должны обладать богатейшими ресурсами языка перевода и уметь обращаться к ним в случае необходимости. В противном случае они могут интеллектуально проникнуться речью, полностью понять ее и проанализировать идеи, которые необходимо передать, но не донести их до слушателей из-за плохих или неадекватных языковых способностей. Из принципов Джонса не были упомянуты советы по ведению записей. Следует отметить, что ведение заметок имеет специфические техники, которые исследователь не считает нужным воспроизводить здесь.

2.4.2 Синхронный перевод

В каком-то смысле синхронный перевод - это то же самое, что и последовательный. Они похожи тем, что оба подразумевают слушание, понимание, анализ и повторное выражение. В обоих случаях переводчик занимается одними и теми же основными видами интеллектуальной деятельности. Кроме того, оба выполняют одну и ту же функцию - служат проводником коммуникации. В двух словах, многое из того, что уже было сказано о последовательном переводе, применимо и к синхронному. Несмотря на видимость сходства, синхронный и последовательный перевод все же различаются. В основном это два различия, которые создают две дополнительные трудности в синхронном переводе: акустическую и интеллектуальную (Jones 2002:66). Акустическая трудность заключается в том, что человек сначала слушает, а потом говорит, в то время как при синхронном переводе переводчик должен слушать и говорить одновременно. Такая двойная активность неестественна, но ее необходимо культивировать.

2.4.2.1 Золотые правила" синхронного перевода

В дополнение к тому, что было рассмотрено в разделе "Принципы последовательного перевода", и чтобы не вдаваться в подробности, а иногда и повторять некоторые Чтобы не вдаваться в подробности и не повторять некоторые аспекты, уже приведенные выше, лучше обобщить технику синхронного перевода в следующих одиннадцати приемах, названных "Золотыми правилами" синхронного перевода (Jones 2002:72). По мнению этого автора, синхронный переводчик должен:
1) Помните, что они общаются;
2) Максимально эффективно используйте технические средства;
3) Убедитесь, что они хорошо слышат и говорящего, и себя;
4) Никогда не пытайтесь интерпретировать то, что они не слышали или не понимали акустически;
5) Обеспечьте максимальную концентрацию;
6) Не отвлекайтесь, концентрируя внимание на отдельных проблемных словах;
7) Культивируйте внимание с долей секунды, активно, аналитически слушая докладчика и критически оценивая собственные результаты;

8) Используйте, по возможности, короткие и простые предложения;

9) Будьте грамматичны;

10) В каждом предложении есть смысл; и

11) Всегда заканчивайте их предложения или не допускайте незаконченных предложений.

Подводя итог последовательному и синхронному переводу, можно сказать, что переводчик должен уметь хорошо слышать (H), понимать (U), переформулировать (R) и передавать (D), таким образом, получается формула HURD.

2.5 Языки общения

Языки общения можно разделить на две группы: языки более широкого общения и языки более узкого общения. Эти два типа языков были кратко определены во введении к данной работе.

2.5.1 Языки более широкого общения (LWCs)

Как уже говорилось в первой главе данного исследования, LWC - это язык, который обычно используется людьми для общения через языковые и культурные барьеры. Согласно Bamgbose (1991:34), термин "языки широкого общения" (LWCs) был впервые введен Фишманом (1968а), и в настоящее время он "получил широкое распространение" в социолингвистике. Теперь встает вопрос: каковы характеристики LWC? Если обратиться к Bamgbose (1991:19-34), то можно выделить следующие характеристики LWC. LWC должен быть:

1 Язык для международных конференций;

2 Язык науки и техники;

3 Язык средств массовой информации и администрации;

4 Язык деловых операций;

5 Язык образования в целом и высшего образования в частности;

6 Язык, используемый страной для официального общения;

7 Язык для элиты или элитарного класса;

8 Язык для немногих счастливчиков или язык престижа;

9 В большинстве случаев это де-факто язык правительства;

10В Африке это, по большому счету, колониальный язык;

11Язык развития и модернизации;

12Язык, дискриминирующий массы, или язык, исключающий их;

13Нейтральный язык, который можно было бы легко принять в качестве языка национального единства или компромиссного языка; и

14Язык, поддерживаемый населением (разумным числом говорящих) для его поддержания.

Во всем мире, прежде чем страна примет тот или иной язык в качестве официального или национального, необходимо учесть ряд факторов. Наиболее важными из них являются национализм против "национализма", приемлемость вертикальной интеграции, численность населения и статус развития языка (Bamgbose 1991:19). Однако степень истинности вышеперечисленных факторов до сих пор остается предметом споров среди социолингвистов. Даже вышеперечисленные четырнадцать характеристик все еще остаются спорными. Иногда значимость вышеперечисленных характеристик и факторов явно преувеличивается некоторыми авторами (Bamgbose (1991:21). Следует отметить, что целью данной диссертации не является вступление в полемику. Определив характеристики LWC, что можно сказать о языках более узкого общения (LNC)?

2.5.2 Языки более узкой коммуникации (LNC)

Как также подчеркивалось во введении к данной работе, существование термина LWCs предполагает существование LNCs, которые, как предполагается, относятся к языкам, которые не являются широко распространенными и известными людям/носителям других языков или культур. Это наглядно видно на примере Камеруна в частности и Африки в целом, где существует множество национальных языков, таких как дуала, мунгака, булу, могамо и др. Исходя из вышеперечисленных характеристик LWC, можно выделить следующие характеристики LNC:

1 Язык, на котором говорит сравнительно небольшое количество

людей;

2 Язык для местных переговоров;

3 Менее развитый язык с точки зрения науки и техники;

4 Язык, который не является лингвистически развитым;

5 Язык, не используемый для обучения в школах;

6 Язык для менее привилегированных слоев населения или масс;

7 Язык, не используемый для официального общения;

8 Менее аутентичный и менее эффективный язык;

9 Язык коренного населения или национальный язык; и

10 Язык, которым пренебрегают в пользу колониального языка (языков), как это происходит в Африке в целом и в Камеруне в частности.

Исходя из вышеперечисленных характеристик LWC и LNC, можно сделать вывод, что последние имеют меньший статус, чем первые. Как правило, из соображений "национального единства" от LNC всегда отказываются или не развивают их в лингвистическом плане в пользу иностранных языков. Следовательно, это приводит к уменьшению или почти полному отсутствию словарного запаса или концепций, которые позволяют им конкурировать с LWC. Другими словами, важность LNC часто недооценивается или преуменьшается в пользу языков "развития" и современности.

В результате устный перевод с английского языка - LWC на язык могамо - LNC, скорее всего, столкнется с рядом проблем. Описанию картины трудностей и перспектив устного перевода с языка более широкой коммуникации на язык более узкой коммуникации будет посвящена пятая глава.

2.6 Культурная дистанция и лингвистическая дистанция

Культура играет очень важную роль в общении. Она определяется как "сложное целое, воплощающее в себе знания, веру, искусство, закон, обычаи и любые другие способности и привычки, приобретенные человеком в данном обществе (Katan 2004:25). Значение культуры для человека и народа делает ее незаменимой в любом эффективном и результативном процессе коммуникации. Следовательно, переводчик, плохо знакомый с конкретной культурой, очевидно, будет неправильно или неуместно переводить с языка "А" на язык "Б". Ситуация еще больше усугубляется, когда переводчик переводит с такого высокоразвитого языка, как английский, на менее развитый, например могамо. Одним словом, если культуры настолько далеки друг от друга по убеждениям, законам, морали, обычаям и т. д., то обязательно возникнут препятствия в общении. Будучи неотъемлемой частью культуры, язык остается более важным фактором коммуникации, чем культура, поскольку эффективное общение возможно только благодаря языку. Хотя коммуникативные способности каждого языка не подлежат сомнению, один факт остается кристально ясным: европейский язык и язык коренного населения Африки - это два разных и далеких друг от друга набора языков. Это, конечно, не противоречит английскому и могамо, изучаемым в данной работе. Оба языка различаются на различных уровнях: культурном, социологическом, традиционном, историческом, и это лишь некоторые из них.

В соответствии с вышеизложенной предпосылкой, эффективная коммуникация с LWC на LNC требует, чтобы переводчик был способен различать элементы, связанные с культурой, структурой, местом и традициями в SL и адекватно выражать их в TL (Ojo 1986). Если этот аспект будет преуменьшен, коммуникация будет неполноценной, что может привести к нежелательным последствиям. После выделения концепций культурной дистанции и языковой дистанции, подробности этих аспектов вновь появятся позже в исследовании. Сразу же следует подчеркнуть, что оба понятия являются взаимодополняющими в коммуникации. После того как мы остановились на этих понятиях, необходимо кратко описать ситуацию с языковой политикой в Камеруне.

2.7 Языковая политика в Камеруне

Камерун, как уже говорилось в предыдущей главе, - многоязычная страна, где каждый гражданин должен знать несколько языков. Существует даже вероятность того, что человек может приобрести или выучить, а иногда и лучше, другие языки, кроме своего.

2.7.1 Официальное двуязычие

В 1884-1919 годах Камерун был немецкой колонией, а после окончания Первой мировой войны перешел под опеку Франции и Великобритании. Это означает, что до 1919 года языками администрации и образования были немецкий, до 1961 года, когда было введено официальное двуязычие, - французский для Восточного Камеруна и английский для Западного Камеруна. После воссоединения двух федеративных государств два языка, используемые в двух частях Камеруна, были приняты в качестве официальных языков (Tene 2009:61). Предполагалось, что официальное двуязычие будет воплощено в конкретные меры, а именно:
- Равное использование французского и английского языков по всей стране;
- Перевод всех официальных документов на два официальных языка;
- Перевод гражданских служащих или государственных служащих во все регионы страны, независимо от их языкового происхождения; и
- Создание переводческих служб в различных министерствах, а также в Президенте Республики и Национальном собрании.

2.7.2 Постановка проблемы диссертации

Помимо положительных аспектов вышеупомянутых мер, которые должны были позволить как можно большему числу камерунцев получить доступ ко всем официальным документам и постепенно овладеть обоими официальными языками, есть и негативные последствия. Первый аспект заключается в том, что из-за стремления к "национальному единству" и защите интересов колониальных хозяев ряд национальных языков был проигнорирован или даже заброшен. Фактически, преподавание этих национальных языков в школах полностью игнорировалось или даже запрещалось правительством под влиянием колониальных хозяев. В связи с тем, что английский и другие языки LWC занимали выгодное положение, камерунцы, особенно государственные власти, не видели необходимости в продвижении или лингвистическом развитии национальных языков. Цитируя Фонлона (1975:204), Оджо повторяет слова бывшего камерунского министра по африканскому языковому наследию, который бросил полотенце в пользу LWC: будучи столь неоднородными, столь безнадежно раздробленными, и ни один из этих языков не является проводником науки и технологии, мы вынуждены, несмотря на всю нашу гордость, искать единства между собой, искать современного развития через чужие языки. И наше стремление должно заключаться в том, чтобы дать тем из наших детей, кто способен, средства для достижения больших успехов в использовании этих иностранных языков, чтобы владеть ими так, как владеют их владельцы (Ojo 1991:56).

Из приведенного выше обескураживающего заявления авторитетного лица становится очевидным, что молодым африканцам, в том числе и камерунцам, пришлось отказаться от серьезного отношения к своим родным языкам. Кроме того, национальная языковая политика в Камеруне, как следствие, убила развитие национальных языков. Такая позиция положила конец "народному образованию", отдав приоритет изучению "образованного английского". Вопреки тому, что в то время считалось приоритетным проектом миссионеров, такая ситуация препятствовала "прогрессивной стандартизации родных языков" (Anchimbe 2006:55). Фактически, ликвидация "вернакулярного образования" в пользу образования на английском языке продолжалась в течение определенного периода времени, что подтверждает Wardhaugh (1987:172), цитируемый Anchimbe (ibid):British at first used the vernacular in primary education in the one fifth of Cameroon that was their own. Но с годами, под давлением камерунцев, они стали делать все больший упор на обучение на английском языке, так что к 1958 году обучение на родном языке сошло на нет. Более пятидесяти лет выступая в поддержку западных языков в ущерб языкам коренных народов, исследователь задался целью выяснить, насколько успешным является перевод с такого высокоразвитого языка, как английский, на такой ЛНК, как могамо. Хотя слова министра выше призывали африканцев выучить эти иностранные языки и "владеть ими так, как владеют их носители", можно усомниться в том, что эти африканцы когда-нибудь смогут овладеть ими так, как владеют их носители. Из-за официального двуязычия и языковой политики в Камеруне развитие национальных языков было подавлено. Следовательно, Могамо неминуемо пострадает от этого, отсюда и суть данной исследовательской работы. При таком положении дел возникает несколько вопросов: Насколько легко носителям таких языков, как могамо, получить доступ к информации о передовых технологиях, как носителям английского языка? Насколько легко или трудно переводить устно или устно с английского на могамо? Попытки ответить на эти вопросы будут предприняты далее в данной работе. Тем не менее, прежде чем попытаться ответить на них, необходимо представить теоретические и процедурные основы данной исследовательской работы.

ГЛАВА III

МЕТОДОЛОГИЧЕСКИЕ И ПРОЦЕДУРНЫЕ ОСНОВЫ

3.0 Введение

Из формулировки этой главы четко выделяются два основных аспекта: метод и процедура. Иными словами, эта глава посвящена, помимо прочего, теориям, применяемым в процессе интерпретации, и процедуре или методологии, используемой при сборе и анализе данных.

3.1 Методология

В первом разделе этой главы рассматриваются теории, важные или уместные в устном или письменном переводе: теории культуры, коммуникации и перевода. Во второй части этого раздела рассматривается концепция лингвистической дистанции, которая в равной степени важна для данной работы.

3.1.1 Применимые теории культуры

3.1.1.1 Определение культуры

Прежде чем обсуждать некоторые теории, применимые к данной работе, необходимо дать определение термину "культура". На самом деле это понятие неоднократно и по-разному определялось множеством антропологов. Учитывая то, какое важное место занимает культура в любом коммуникационном процессе, важно выделить некоторые из определений, которые считаются важными для данной работы. Одно из самых старых и часто цитируемых определений этого термина было сформулировано английским антропологом Эдвардом Барнеттом Тейлором в 1871 и 1958 годах: "Культура - это сложное целое, включающее в себя знания, веру, искусство, мораль, право, обычаи и любые другие способности и привычки, приобретенные человеком как членом общества" (Katan 2004:25). Другое важное определение, хотя и пространное, дают два американских антрополога, Альфред Луис Квебер и Клайд Клакхольм (1952:181) в Katan 2004:25: Культура состоит из моделей, явных и неявных, поведения, приобретенных и передаваемых с помощью символов, составляющих отличительные достижения человеческих групп; включая их воплощение в артефактах, существенное ядро культуры состоит из традиционных (то есть исторически выработанных и отобранных) идей и особенно связанных с ними ценностей. Системы культуры могут, с одной стороны, рассматриваться как продукты деятельности, с другой - как элементы, обусловливающие будущую деятельность. Ким и Гудыкунст (1988:99), со своей стороны, определяют культуру как "...исторически передаваемую систему символов и значений, идентифицируемую через нормы и убеждения, разделяемые народом". Из трех вышеприведенных определений вытекает ряд терминов, среди которых передача системы символов, верований, морали и обычаев. Все эти термины, наряду с другими аспектами, указывают на одно главное и решающее предположение: невладение или отсутствие у переводчика достаточных знаний о данной культуре, безусловно, влияет на качество устного перевода. Одним словом, культура оказывает большое влияние на коммуникацию. Если пренебречь культурными рамками, то неизбежно возникнут искажения, неполноценная передача сообщения и разочарование.

3.1.1.2 Теории культурного восприятия

Катан (2004:27) выделяет пять подходов к культуре: бихевиористский, этноцентрический, функционалистский, когнитивный и динамический. Начнем с того, что бихевиористский подход имеет дело с поведением или набором поведений, которые разделяются и наблюдаются людьми. Этот подход имеет дело с отдельными фактами о том, что люди делают и чего не делают. Такая точка зрения заставляет людей верить, что то, что они делают или не делают, естественно лучше или выше (Katan 2004:28). Этноцентризм, со своей стороны, - это вера в то, что мировоззрение собственной культуры является центральным для всей реальности (Bennett 1993:30, цит. по Katan 2004: там же). Как логический результат, эта вера в превосходство культуры, к которой принадлежит человек, часто сопровождается чувством неприязни и презрения к другим культурам. Что касается функционалистского подхода, то он связан с общими правилами, лежащими в основе поведения данного народа и наблюдаемыми через поведение. Этот подход имеет тенденцию оставаться в рамках суждения, основанного на том, что одна культура является доминирующей или предпочтительной по отношению к другой. По сути, в центре внимания оказываются "отношения власти и доминирование одной национальной культуры, вероисповедания, пола или сексуальной ориентации над другой" (Katan 2004:29). Задача переводчиков, интерпретаторов или посредников - понять других, понять, что имеет смысл для них, а не утверждать, что "мы и только мы владеем истиной" (там же). Четвертый подход - когнитивный, который представляет собой форму вещей, которые люди держат в уме (модели мышления), их модели восприятия, отношения и другой интерпретации. Эти привязанные к культуре "модели мышления" классифицируются опытными знаниями индивидов. Короче говоря, это "центральный код" сознания, который отличает членов одной группы или категории людей от других. Последний подход - динамический, который фокусируется на динамическом взаимодействии внутренних моделей и внешних механизмов. Здесь культура рассматривается как динамичный процесс, который постоянно обсуждается участниками. Тем не менее, это не означает, что культура постоянно претерпевает метаморфозы, а означает, что существует диалектический процесс между внутренними моделями мира и внешней реальностью.Рассматривая вышеупомянутые культурные подходы, можно утверждать, что они необходимы и применимы к любому процессу коммуникации (интерпретации), без которого передача сообщения будет неполноценной. Прежде чем перейти к определению того, кто такой культурный переводчик (Katan 2004:16), необходимо подчеркнуть, что все вышеперечисленные подходы являются взаимодополняющими в том, что касается интерпретации или передачи сообщения из одной культуры или языка в другую.

3.1.1.3 Культурный переводчик

Прежде чем определить, кто такой культурный переводчик, необходимо выяснить, что такое культурный перевод. Этот термин можно определить как "передача концептуальных и культурных факторов, имеющих отношение к данному взаимодействию, в рамках двуязычной передачи" (там же). Важно отметить, что при устном переводе сообщение передается таким образом, чтобы оно соответствовало языковым и культурным рамкам. Согласно Катану (там же), культурный переводчик - это представитель определенной культуры, который помогает поставщику услуг и его клиенту понять друг друга. Акцент делается на эффективной коммуникации и взаимопонимании между сторонами, при этом уважая культурные и языковые потребности клиента. Джонс (2002), которого цитирует Катан (там же), развивает эту мысль, указывая, что культурный переводчик - это переводчик, работающий в сообществе или на государственной службе, чтобы обеспечить клиенту "полный или равный доступ к государственным услугам". Некоторые сторонники, такие как Сапир, убеждены, что язык может быть хорошо интерпретирован только в культурном контексте (там же). Поэтому для того, чтобы английские понятия были "хорошо интерпретированы" в Могамо, "естественный переводчик" должен владеть обеими культурами и уметь различать их, особенно при передаче сообщения из первой во вторую. Таким образом, если английские понятия объясняются или передаются в Могамо без использования культуры Могамо, то неизбежно возникнет проблема коммуникации. Следует подчеркнуть, что понятие "культура" всегда воспринимается или воспринимается по-разному.

Хотя Ньюмарк (Newmark, 1988:6) совершенно прав, когда заявляет: "Ни один язык, ни одна культура не является настолько "примитивной", что не может принять термины, скажем, компьютерной технологии", тем не менее уместно отметить, что перевод с английского (высокотехнологичного языка) на язык коренного населения, такой как могамо (еще не развитый технологически), имеет серьезные последствия для качества коммуникации. Например, проблемой является тот факт, что многие английские понятия, особенно технические или специализированные термины, требуют пяти или более различных слов для выражения на языке коренного населения. Напомним, что от устного переводчика ожидается использование не более семидесяти пяти-восьмидесяти процентов времени, используемых говорящим. В таких условиях переводчику приходится преодолевать множество трудностей, чтобы эффективно общаться в таких культурных рамках.

3.1.2 Применимые теории коммуникации

3.1.2.1 Определение коммуникации

Вышеизложенная дискуссия о культурных рамках подчеркнула важность владения культурами языков, участвующих в любых переговорах, для облегчения коммуникации. Возникает вопрос: "Что такое коммуникация"? Коммуникация - это процесс, происходящий между двумя или более людьми или сторонами, которые имеют взаимно признанное намерение делиться и обмениваться сообщениями или информацией. Намерение заинтересованных сторон состоит в том, чтобы прийти к состоянию большего единообразия (Kim and Gudykunst 1988:45). Несмотря на то, что основной целью участников является непосредственное общение лицом к лицу между собой, у них есть одно препятствие: разный культурный фон. Так обстоит дело между английским и могамо. В результате неглубокое знание культур Могамо и Англии будет препятствовать эффективному межкультурному переводу или общению.

3.1.2.2 Теории коммуникации

Кибернетический процесс конвергенции" (там же), о котором говорилось выше, опирается на ряд теорий, которые не являются взаимоисключающими в том, что касается коммуникации. Следуя таксономии Сарбо, одиннадцать представленных теорий имеют отношение к сфере межкультурной коммуникации (Kim and Gudykunst 1988:13-15). По мнению этих авторов, проблемы, рассматриваемые в теориях, можно условно свести к трем общим вопросам: Как люди общаются в разных культурах?; Как люди переживают межкультурную коммуникацию?; И каковы вероятные последствия опыта межкультурной коммуникации? Из вышеперечисленных вопросов первый и третий кажутся более важными и значимыми для данной работы, особенно последний, касающийся "вероятных последствий межкультурной коммуникации". Следует отметить, что в данной работе рассматриваются только десять из одиннадцати теорий.

3.1.2.2.1 Конструктивистская теория коммуникации и культуры

Эта теория, выдвинутая Эпплгейтом и Сайфером, описывает влияние культуры на индивидуальное коммуникативное поведение. Она подчеркивает интерпретационную природу коммуникантов и взаимосвязь культуры и когнитивного построения реальности индивидом.

3.1.2.2.2 Скоординированное управление смыслом: Критическая теория

Сторонниками этой теории являются Кронен, Чин и Пирс. Она посвящена процессу взаимодействия "координации" и "управления" коммуникативными смыслами индивидов. Акцент делается на анализе смысловой структуры и действий отдельных коммуникантов, которые происходят в межкультурных встречах.

3.1.2.2.3 Теория культурной идентичности

С теорией "координации и управления смыслом" в некоторой степени связана теория культурной идентичности, предложенная Кольером и Томасом. Эти авторы рассматривают культурную идентичность не как "зафиксированную" внешним критерием, а как зависящую от коммуникативной компетентности взаимодействующих индивидов. Поэтому, если культурный переводчик некомпетентен на данном уровне или в данной области, коммуникация будет нарушена.

3.1.2.2.4 Теория аккомодации в коммуникации

Считается, что эта теория и две последующие влияют на психологические реакции людей или коммуникаторов. Она рассматривает модели речевого поведения и когнитивные атрибуции людей в межкультурных контактах. Сторонники теории включают Галлуа, Франклин-Стокса, Джайлса и Коупленда.

3.1.2.2.5 Теория "Представления эпизодов

Как сторонник этой теории, Форгас дает объяснение интеллектуальному поведению, фокусируясь на когнитивной деятельности индивидов в межкультурных столкновениях. Если быть более точным, автор подчеркивает субъективно воспринимаемый характер ситуации или "коммуникативного эпизода".

3.1.2.2.6 Теория стилей межкультурных конфликтов

Предложенная Тинг-Туми, эта теория использует основную концепцию, "теорию переговоров с лицом", которая представляет собой набор предложений, объясняющих культурные различия в индивидуальных стилях управления межкультурными конфликтами.

3.1.2.2.7 Сетевая теория межкультурной коммуникации

Эта седьмая и три последующие главы посвящены изменениям и адаптации, которые происходят в индивидах в результате опыта межкультурной коммуникации. Теория, предложенная Юмом, фокусируется на структурных характеристиках сетей отношений межкультурных коммуникантов и сравнивает их с межкультурными сетями.

3.1.2.2.8 Теория адаптации в межкультурных диадах

По мере расширения и становления исследований в области межкультурной коммуникации появляются новые темы, которые привлекают внимание ученых. Адаптация - доминирующая концепция, появившаяся в 1980-х годах. Эллингстон утверждает, что эта теория имеет дело с изменениями, которые индивиды вносят в свою аффективную и когнитивную идентичность, а также в свое интерактивное поведение, когда они имеют дело с жизнью в новой культурной среде.

3.1.2.2.9 Теория конвергенции и межкультурная коммуникация

Эта теория, предложенная Кинкейдом, показывает, как между культурой иммигрантов и принимающей их культурой может возникнуть большее единообразие, а также как между культурой иммигрантов и их исходной культурой может возникнуть большее расхождение.

3.1.2.2.10 Межкультурная трансформация: Теория систем

Основываясь на этой теории, Ким и Рубен объясняют постепенную трансформацию когнитивных, аффективных и поведенческих характеристик индивида в сторону повышения уровня "межкультурности" по мере накопления опыта межкультурной коммуникации. При этом авторы пытаются объединить два существующих подхода к межкультурному опыту: подход "межкультурная коммуникация как проблема" и подход "межкультурная коммуникация как обучение/рост". Другими словами, межкультурная трансформация является как негативной, так и позитивной как для культур-доноров, так и для культур-реципиентов (языки - английский и могамо). Из вышеизложенного обсуждения теорий коммуникации следует, что все десять теорий являются взаимодополняющими, как было сказано ранее. Это означает, что в определенный момент все или некоторые из них участвуют в процессе коммуникации или устного перевода с английского на могамо. Поскольку устный и письменный перевод - взаимосвязанные дисциплины, необходимо выделить некоторые теории перевода, которые могут в равной степени влиять на устный перевод или коммуникацию с одного языка на другой - особенно на устный перевод с языка более широкой коммуникации на язык более узкой коммуникации.

3.1.3 Теории перевода

И письменный, и устный перевод направлены на достижение одной цели - коммуникации. Как уже говорилось в разделе "Обзор литературы", оба вида деятельности иногда называют "близнецами" или взаимосвязанными, поэтому в работе такого рода, посвященной устному переводу, мы решили бегло обсудить некоторые теории перевода. Таким образом, использование термина "перевод" в данном разделе будет подразумевать или означать как письменный, так и устный перевод. Это же предположение справедливо и для слова "переводчик", которое соотносится со словом "устный переводчик", т. е. устный перевод. По сути, теория перевода служит для переводчика ориентиром при выборе метода перевода. Хотя возможность перевода сегодня признается более или менее единодушно, это не относится к методам перевода, которые остаются разнообразными и порой полемичными. Некоторые из них, считающиеся значимыми для данной работы, включают интерпретационную, лингвистическую, коммуникативную, семантическую и социально-семантическую. Каждая теория служит определенной цели, хотя все вышеперечисленные теории являются взаимодополняющими. Для успешной работы необходимо, чтобы сочетание этих теорий давало адекватные и приемлемые результаты.

3.1.3.1 Интерпретативная теория перевода

Интерпретативный подход, иногда называемый "интерпретативным подходом", также называют "теорией смысла". Сторонниками этой теории являются Марианна Ледерер, Даника Селескович, Ф. Гербуло, Жан Делисле и Морис Пернье. Это подход к устному и письменному переводу, принятый "Парижской школой". Главный представитель "Парижской школы", Даника Селескович, разработала теорию (1977), основанную на различии между языковым значением и невербальным смыслом. Невербальный смысл определяется применительно к процессу перевода, который состоит из трех этапов: интерпретация или экзегеза дискурса, девербализация и переформулирование. Это применимо и к процессу устного перевода, хотя эти этапы должны происходить в течение доли секунды, поскольку у переводчика мало времени, чтобы выслушать, понять, переформулировать и передать. Общность между письменным и устным переводом подтверждает и Селескович (1980:40), который считает, что независимо от того, идет ли речь о письменном или устном переводе, результат один и тот же. Собственно говоря, теория устного перевода была разработана в конце 1960-х годов на основе исследований в области конференц-устного перевода. Впоследствии она распространилась на письменный перевод нелитературных или "прагматических" текстов и на преподавание письменного и устного перевода (Salama-Carr 2001:112) Приверженцы этой школы мысли считают, что слова в языке не имеют значения. Главное - это смысл, и они отвергают концепцию верности. Акцент делается на целевом читателе, на ясности и понятности перевода и его приемлемости в целевой культуре.

3.1.3.2 Лингвистическая теория перевода

Лингвистика - это академическая дисциплина, изучающая язык. В переводе всегда задействованы как минимум два разных языка. Следовательно, вопросы перевода должны быть сосредоточены на отличительных особенностях исходного и переводящего языков. В центре внимания лингвистической теории находится язык, и одними из самых ранних ее сторонников являются Винай и Дарбельнет (1958), Нида (1964), Кэтфорд (1965) и Ларсон (1984). Лингвисты осознали, что перевод - это динамическое сравнение языков в действии, которое позволяет по-новому взглянуть на функционирование языков в речи и выявить многие их универсальные и специфические черты. Теоретики лингвистики настаивают на точной передаче содержания с исходного языка (ИЯ) на язык перевода (ЯП), хотя при письменном или устном переводе с одного ИЯ на другой ЯП неизбежно возникают различия. Понятие эквивалентности имеет первостепенное значение для лингвистической теории. Кэтфорд (1965:40) подтверждает эту точку зрения, когда определяет перевод как: "Замена текстового материала на одном языке (SL) эквивалентным текстовым материалом на другом языке (TL)".

3.1.3.3 Семантические и коммуникативные теории перевода

Питер Ньюмарк (1988) отмечает, что в основном существуют две школы перевода, а именно "семантический перевод" и "коммуникативный перевод". Каждая из этих школ выдвигает ряд соображений, которым следует уделять особое внимание при переводе. По сути, при семантическом переводе основное внимание уделяется смысловому содержанию исходного текста, в то время как при коммуникативном переводе основное внимание уделяется пониманию и реакции рецептора. Короче говоря, при коммуникативном переводе переводчик стремится к тому, чтобы реакция целевой аудитории на сообщение была такой же, как у исходной аудитории или рецепторов. Ньюмарк (Newmark, 1988:39) подчеркивает это следующим образом: "Коммуникативный перевод пытается произвести на своих читателей эффект, максимально приближенный к тому, который возникает у читателей оригинала". То же самое относится и к переводчикам, работающим с исходным сообщением на целевое.

3.1.3.4 Социально-семантическая теория перевода

Центральное место в социально-семантической перспективе перевода занимает множественность кодов, вовлеченных в любой коммуникативный процесс. Так, Нида (1991:26) отмечает, что "слова никогда не возникают без дополнительных паралингвистических характеристик". Далее он говорит, что когда люди слушают оратора, они не только воспринимают вербальное сообщение, но и на основе фоновой информации и различных экстралингвистических кодов выносят суждения об искренности оратора, его приверженности истине, стремлении к обучению, специализированных знаниях, этническом происхождении, заботе о других людях и личных симпатиях. Исследования в рамках социосемиотического подхода показали, что "язык следует рассматривать не как когнитивную конструкцию, а как общий набор привычек, использующих голос для общения". В том же ключе "язык должен рассматриваться как потенциально и фактически идиосинкратический и социосемиотический в том смысле, что люди могут создавать новые типы выражений, создавать новые литературные формы и придавать новое значение старым формам выражения". Преимущество социосемиотического подхода к переводу заключается в том, что он подчеркивает реальную ситуацию в мире, принимая во внимание вербальное творчество, пластичность языка и множественность кодов. Из вышеизложенного обсуждения некоторых теорий перевода становится очевидным, что, хотя слушание, понимание, переформулирование и передача происходят в течение доли секунды, вышеупомянутые теории также влияют на коммуникацию, осуществляемую переводчиком. Помимо интерпретационной, лингвистической, семантической, коммуникативной и социосемиотической теорий, другие, такие как социолингвистическая и этносемантическая, оказывают значительное влияние на психику переводчика до передачи конечного продукта аудитории. Стоит подчеркнуть, что все виды умственной деятельности в мозгу переводчика не являются беспроблемными. Более того, проблемы или вызовы становятся более серьезными, когда речь идет о работе с языками или с языками с разным уровнем лингвистического развития. Таким образом, устный перевод с такого лингвистически развитого языка, как английский, на менее развитый язык коренного населения, например могамо, может стать еще более сложной задачей. Другими словами, устный перевод с или на языки, лингвистически далекие друг от друга, остается сложной задачей.

3.1.4 Лингвистическая дистанция в коммуникации

Европейские языки и языки коренных народов Африки - это два разных и далеких друг от друга набора языков. Это, конечно, касается и английского языка (европейского происхождения), и языка могамо (африканского происхождения). Обе языковые среды существенно различаются на многих уровнях: культурном, социологическом, лингвистическом, семантическом и других.

Именно поэтому в каждом европейском дискурсе проявляется духовная, эмоциональная, культурная и этническая специфика европейцев. Этот факт не является исключением, когда речь идет о дискурсе на языке коренного населения Африки. Исходя из этого, для успешной коммуникации с LWC на LNC переводчик должен уметь идентифицировать и различать элементы исходного текста, связанные с культурой, структурой и традициями места и времени, и адекватно выражать их на языке перевода. Именно благодаря этой способности переводчик создаст такую интерпретацию исходного текста, которая будет соответствовать, по словам Ниды, "языку и культуре рецептора в целом, контексту конкретного сообщения, аудитории языка-рецептора" (Ojo 1986:293). Чтобы процесс перевода или устного перевода был успешным, он должен пройти через "реструктуризацию культурной системы знаков". Оджо (Ojo, opt. cit) считает, что для эффективного достижения этой цели реструктуризация знаков должна сопровождаться глубоким пониманием моделей мышления, структурных и грамматических систем языка, с которым происходит контакт. Он добавляет, что реструктуризация также должна сопровождаться тщательным и обоснованным восприятием лингвистических и металингвистических уровней репрезентаций каждого из сталкивающихся языков. Все, что не соответствует вышесказанному, непременно породит недостатки, которые неизменно приводят к разрушению исходной коммуникации в результате чрезмерной интерпретации (чрезмерные комментарии, объяснения, толкования и дополнения), недоинтерпретации (перефразирование, адаптация) и неправильной интерпретации (ревуны, ошибки, промахи или умышленная переделка) (Ojo 1986:292). Тем не менее, бывают случаи, когда переводчик обязан перефразировать и адаптировать сообщение к культуре реципиента при условии, что сообщение не будет искажено. Следует еще раз подчеркнуть, что независимо от уровня подготовки и интеллектуального опыта устного или письменного переводчика, африканец остается с "головой и ушами... настроенным на ритм и выражения своего коренного языка". Они могут прилагать сознательные усилия, чтобы быть в курсе языковых изменений в европейских культурах, могут думать на английском, но всегда будут писать и говорить как африканцы. Говоря о языках коренных народов Африки, хотя это справедливо и для других коренных языков, Оджо развивает эту точку зрения дальше: Дело в том, что, хотя благодаря своему образованию и интеллектуальному опыту африканский писатель получил литературное наследство метрополии и овладел зачатками европейского языка, его голова и уши были настроены на ритм и выражения его коренного языка, который он (как Тутуола, Усмане, Курума и даже Соинка) транслитерирует (Ojo 1986:295).

Это общепризнанный факт, что, овладев основами европейского языка (LWC), африканский устный/письменный переводчик, работающий с него на коренной африканский язык (LNC), очевидно, столкнется с трудностями, хотя уровень владения языком может определять тип и/или уровень этих трудностей. Поэтому необходимо прилагать сознательные и постоянные усилия, чтобы избежать пере- или недоинтерпретации и даже дезинтерпретации. С учетом вышеизложенных теоретических основ культуры, коммуникации, перевода и лингвистической дистанции необходимо обсудить метод и процедуру анализа данных. Прежде чем перейти к процедурной основе, стоит еще раз подчеркнуть, что вышеупомянутые теории и концепция лингвистической дистанции не являются взаимоисключающими.

3.1 Процедурные рамки

Второй основной раздел этой главы посвящен процедуре или методу, использованному для сбора и анализа данных. Он также посвящен используемым инструментам исследования, информантам, местам сбора и анализа данных.

3.2.1 Конструкция и описание инструментов

Для переводчиков и других информантов был разработан набор из 22 вопросов. Помимо интервью, исследователь также использовал метод наблюдения за участниками. Наконец, исследование также проводилось в библиотеках и Интернете.

3.2.1.1 Интервью

Перечисленные выше вопросы использовались в качестве подсказок для интервью с переводчиками с английского на могамо, аудиторией и другими лицами, необходимыми для исследовательской работы. Это было сделано для того, чтобы исследователь мог собрать информацию о различных аспектах, таких как использование английского, могамо и других языков в Могамо, языковые помехи, работа переводчика и даже история. Причина, по которой эти вопросы были названы подсказками, заключается в том, что иногда они порождают другие вопросы, которые изначально не были предусмотрены.

3.2.1.2 Проведение интервью

Интервью проводились в разных местах: в церквях, частных домах и больницах. Выбор частных домов был обусловлен тем, что исследователь не смог связаться с некоторыми переводчиками, практикующими свою работу в церквях или на публичных собраниях. Следовательно, исследовательница должна была встречаться с ними там, где это было возможно, чтобы обсудить с ними их "профессию" переводчика. 22 вопроса, использованные в качестве руководства по проведению интервью, задавались одинаково, от первого до последнего, а ответы записывались.

3.2.1.3 Наблюдение за участниками

Для записи проповедей и, иногда, интервью были подготовлены диктофон и кассеты. Во время проповедей исследователь делал заметки в дополнение к записи. Это делалось на церковных службах, в которых он принимал участие. Помимо проповедей, записанных лично исследователем, другие были записаны в его отсутствие специально назначенным для этого человеком. Наблюдения позволили исследователю выявить некоторые проблемы, с которыми сталкиваются естественные переводчики. Некоторые из проблем, с которыми сталкиваются эти переводчики, даже помогли исследователю перефразировать или добавить некоторые вопросы к письменным.

3.2.1.4 Исследования в библиотеке и Интернете

Исследования также проводились в некоторых библиотеках, среди которых Альянс Франко Камерунайз Буэа, Региональная библиотека SIL в Баменде и библиотека Университета Буэа. Для сбора информации о Могамо также были проведены консультации с библиотекой Совета Батибо и Национальным архивом Буэа. Для сбора данных по таким аспектам, как устный перевод, интерпретация, письменный перевод, могамо и язык, были использованы вышеперечисленные библиотеки и Интернет.

3.2.2 Описание информантов

Использовались три категории информантов: естественные переводчики, реципиенты, аудитория и медицинский персонал.

3.2.2.1 Переводчики

Переводчики - главные герои этого исследования. Количество опрошенных зависело от их наличия и даже близости. Учитывая обширность и удаленность некоторых деревень, исследователь не смог объехать весь район Батибо за время, отведенное на сбор данных. Еще одна трудность заключалась в том, что большинство устных переводов проводилось по воскресеньям или во время особых случаев (даже если они случались редко), в которых участвовали люди с двумя или более языковыми корнями. Выбранные естественные переводчики различаются по возрасту и полу. Среди опрошенных две женщины и восемь мужчин. Расхождение в количестве переводчиков-мужчин и переводчиков-женщин объясняется тем, что в последнее время устный перевод в церквях, в первую очередь, принадлежит мужчинам. Такая практика довольно распространена в католических общинах. Возраст опрошенных переводчиков варьируется от 20 до 60 лет.

3.2.2.2 Рецепторы/аудитория

Под аудиторией здесь понимаются те, кто пользуется услугами переводчика. В случае с церквями речь идет о прихожанах или христианах, а в больницах - о пациентах. Цель - выяснить, насколько хорошо они воспринимают или чувствуют себя в процессе оказания таких услуг. Другими словами, выяснить, правильно или неправильно было воспринято сообщение.

3.2.2.3 Медицинский персонал

В ходе исследования были установлены контакты только с двумя лицами, не принадлежащими к могамо: одним - в медицинском центре Святого Иоанна Божьего, другим - в комплексном медицинском центре Батибо. Как уже говорилось, выбор был обусловлен тем, что это иностранцы, которые ежедневно общаются с пациентами, единственным языком общения которых является могамо. Поэтому необходимо было выяснить, как им удается общаться с ними, переходя к назначению лекарств.

3.2.3 Места сбора данных

Исследование проводилось в трех различных учреждениях, в частности, в церквях, больницах и судах. Что касается посещенных общин, то две из них принадлежат Пресвитерианской церкви в Камеруне (ПЦК): Пресвитерианская церковь Ньенджей и Пресвитерианская церковь Бесси. Выбор этих общин зависел от наличия переводчиков, работающих с английского и/или пиджин-английского (LWC) на могамо (LNC) на момент проведения исследования. Помимо вышеупомянутых конгрегаций, в которых исследователь принимал живое участие, были установлены контакты с другими деноминациями и конгрегациями, хотя иногда в отсутствие исследователя. Этими конфессиями были ПК Мбунджей, Апостольская церковь Мбунджей и Католическая церковь Святого Себастьяна Батибо. Кроме ПК Бесси, остальные общины расположены вдоль Трансафриканского шоссе, проходящего через Могамо. Что касается выбранного суда, то исследователь планировал посетить суд первой инстанции в Батибо, но, к сожалению, вышедший на пенсию "природный" переводчик сообщил ему, что доступ в суд для записи судебных заседаний запрещен. Поэтому исследователю оставался только один вариант: узнать у вышедшего на пенсию переводчика, как осуществляется перевод в суде. Интервью с последним было проведено в его резиденции, расположенной рядом с автопарком Батибо.

3.2.4 Анализ данных

Суть устного перевода заключается в эффективной коммуникации. Чтобы общение было эффективным, язык должен использоваться правильно. Именно по этой причине после того, как все кассеты были собраны, их прослушали. Цель заключалась в том, чтобы записать информацию, необходимую для исследования, и впоследствии проанализировать ее. Собранные данные были проанализированы по нескольким основным направлениям лингвистики: фонологии, семантике, морфологии и лексикологии. Учитывая тот факт, что основным инструментом данной работы является качественный подход, который стремится систематически исследовать и описывать то, что преобладает в данной области, исследователь закончил анализ данных, относящихся к каждой из вышеперечисленных отраслей. После представления теоретической базы и методологии, использованной в данной работе, в следующей главе основное внимание уделяется изучению географического, исторического, религиозного, социально-политического и языкового окружения Могамо.

ГЛАВА IV

МОГАМО В КАМЕРУНЕ

4.0 Введение

После обзора литературы и методологических и процедурных
основ, представленных, соответственно, во второй и третьей
главах, данная глава посвящена изучению контекста:
географического, историко-религиозного, социально-
политического и лингвистической географии Могамо. В разделе
"География" основное внимание уделяется как местоположению,
так и человеческой географии этого района. Что касается
историко-религиозного ландшафта, то внимание уделяется
происхождению, составу и появлению миссионеров в Могамо.
Наконец, лингвистическая география представляет языковую
ситуацию, рассматривает классификацию, диалектологию,
отношения между могамо и другими языками, а также
многоязычие в Могамо. Большая часть приведенной ниже
информации о географии Могамо взята из Njang (2001).

4.1 География

В рамках географии в данной работе рассматриваются два
аспекта, а именно географическое положение и география
человека.

4.1.1 Географическое положение

Могамо - это община из двадцати двух деревень, расположенных
в административном округе Батибо в округе Момо. Он
расположен примерно в 43 километрах от Баменды,
региональной штаб-квартиры Северо-Западного региона (см.
карты I и II ниже). Он имеет общую границу с подрайоном
Мбенгви на севере, подрайонами Бали и Пиньин на западе,
подрайоном Манью на юге и, наконец, подрайоном Видикум и

частью Манью на востоке. Площадь этого клана составляет 728 кв. км (Samah 2004:4). Согласно Нгва (1977:120), Могамо расположен в южном углу лесной зоны бассейна Верхней Кросс-Ривер. Как таковая, она считается переходной зоной между густыми экваториальными лесами к юго-западу от Баменды и расположена между 4° 95' и 5° 45' северной долготы и 10° 10 и 10° 30 восточной широты (см. карту III). Низкое плато является продолжением Камерунского зеленого леса. В некоторых местах лес очень густой, а в других - скудный из-за деятельности человека, такой как сельское хозяйство и поселения. Окружающие соседи и их языки, особенно английский, так или иначе повлияли на культуру могамо, особенно на язык, как показано в пятой главе. Густота и скудость лесов в равной степени влияют на структуру поселений в этом районе.

Карта I: Камерун с указанием района исследования

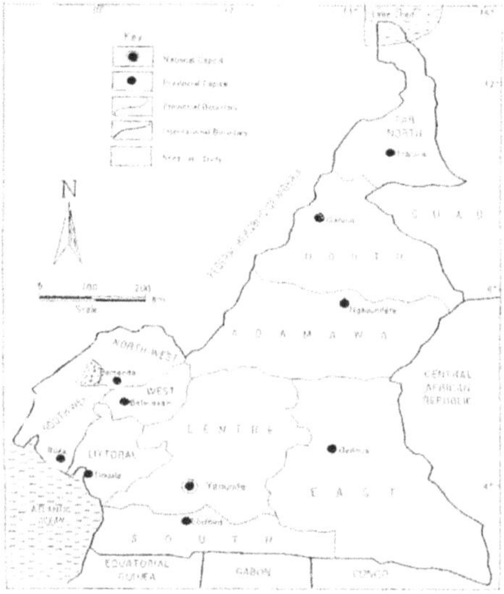

ИСТОЧНИК: Адаптировано из Njang (2001)

Карта II: Расположение Могамо на северо-западе Камеруна

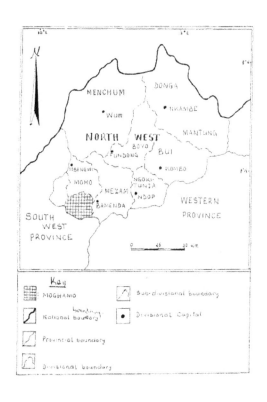

Источник: Адаптировано из Njang (2001)

4.1.2 География человека

После приведенной выше информации о физической географии Могамо необходимо составить представление о его человеческой географии. Для этого рассматриваются три аспекта: население, поселения и сельское хозяйство.

4.1.2.1 Состав населения

Согласно результатам переписи 1992 года, численность населения субдивизиона Батибо составляла примерно 43 332 человека. Эта информация о населении Могамо, безусловно, изменилась спустя шестнадцать лет после проведения последней переписи. Хотя численность населения, безусловно, увеличилась, несомненно то, что число говорящих на могамо составляет менее 100 000 человек, и этот факт включает могамо в список "исчезающих камерунских языков" (Chia, 2006:115-128). Сельское и неравномерно распределенное население разбросано по территории площадью 728 кв. км, что дает плотность населения 59 человек на кв. км. К числу наиболее населенных деревень с плотностью населения около 80 человек на километр относятся Батибо, Гузанг, Бесси, Ашонг и Амбо. Хотя в настоящее время в регионе проживают не только коренные могамоанцы, они составляют около 98% населения. Как уже говорилось выше, присутствие неместных жителей сказывается на языке, о чем свидетельствует предпочтение пиджин-английского вместо могамо для облегчения общения.

4.1.2.2 Населенные пункты

Структура поселений в Могамо в основном состоит из больших деревень. Можно выделить три типа поселений: дисперсные, линейные и нуклеированные. На все эти поселения влияют такие факторы, как рельеф, плодородие почвы, дороги, водные пути, рынки и, в последнее время, государственная политика. Рассеянный тип поселения характерен для лесных районов и высокогорных плато, где рельеф иногда затруднен. Линейные поселения - это тип, при котором люди селятся вдоль дорог и водных путей, чтобы облегчить коммуникацию и иметь доступ к воде соответственно. Третий тип расселения - нуклеированный - встречается в различных деревнях, особенно вокруг рынков. Современные тенденции показывают, что характер расселения постепенно меняется от дисперсного к линейному и нуклеированному. Это происходит в результате появления таких объектов, как современные дороги, электричество, водопровод, медицинские центры и школы. Эта тенденция заставляет местных жителей вступать в контакт с людьми, не говорящими на языке могамо, и, как следствие, искать более легкое средство общения, то есть пиджин-английский. Кроме того, асфальтирование дороги Баменда-Батибо в 1999 году также привлекло больше людей к этой дороге и привело к притоку большого количества иностранцев в Могамо; последствия для языка очевидны.

4.2 Историко-религиозный ландшафт

Историко-религиозный ландшафт фокусируется на шести основных аспектах: происхождение Могмо, состав Могмо, Метта или Могмо?, отношения между Могмо и ее соседями, религиозные верования и практики в Могмо и прибытие первого вайтмана в Могмо.

4.2.1 Происхождение Могамо

Согласно Нджангу (2001:16), Могамо - один из пяти кланов, составляющих то, что путано называют то "Видикумами", то "Тадконами". Остальные четыре клана включают Менемо (Метта), Нгемба, Нги и Нгво. Все эти кланы, проживающие в дивизии Момо (кроме Нгемба), имеют общие лингвистические, культурные и обычные характеристики. Все они признают, что у них общее происхождение. Однако каково реальное происхождение Могамо? Произошел ли этот клан от Видикума или Тадкона? Могамо и родственные им кланы часто называют себя членами племени Видикум. На самом деле историки до сих пор не пришли к единому мнению о точном происхождении Могамо. Форква (2007:10) утверждает, что путешествие в Тадкон началось из штата Баучи в Нигерии, именно из места под названием Мбурикум. Затем мигранты поселились в Видикуме, откуда затем перебрались в Тадкон. Тем не менее, вышеупомянутый клан утверждает, что Видикум на границе Момо и Манью является местом их миграции. Фансо, в свою очередь, (1989: цит. по Njang, 2001:16) отмечает, что большинство из них ведет свою родословную из Тадкона, расположенного примерно в трех километрах к югу от центра Могамо. Мбах (1983:1-3) приводит очень веские аргументы в пользу происхождения Могамо. Он начинает с изложения устного мифа о том, что предки-основатели могамоанцев, Тембека и Текумака, появились из земли в Тадконе. Согласно этому мифу, мужчина и его жена сначала превратились в "дух", а затем в людей. По мнению Мбаха, эта концепция не реалистична и не согласуется с теорией эволюции человека. Он утверждает, что Тембека и Текумака отошли от волны миграций банту и затем поселились в Тадконе. Изначально это место было Тад, которое позже стало рыночным центром. Позднее его назвали Тадкон, потому что некоторые чужеземные торговцы удивительным образом пришли туда с хвостами, которые на местном языке называются "кон".Мбах далее утверждает, что некоторые элементы Видикума, работавшие при британской колониальной администрации, задокументировали и распространили эту "противоречивую, ошибочную и искаженную идею", что Могамо действительно произошли из Видикума (Njang 2001:17). Далее он утверждает, что сам Видикум произошел от Тадкона. Это объясняется тем, что его первые поселенцы, Тевире и Тикум (в честь которых и был назван Видикум), были внуками Тембеки, основателя Тадкона. Следует отметить, что Видикум сначала был Тевирекумом. Из приведенных выше противоречивых точек зрения можно сделать вывод, что Могамо произошли от Тадкона, а не от Видикума. Это объясняется тем, что аргументы Мбаха Ханселя выглядят наиболее убедительными. Что касается происхождения деревень как таковых, то Тембека и его жена Текумака родили множество детей, которые постепенно, сменяя друг друга, основали двадцать

две вышеупомянутые деревни. Название "Могхамо" произошло
от фразы на языке народа "Мо га мо...", что означает "Я сказал...".
Следует отметить, что все эти деревни не произошли от Могхамо.
Такие деревни, как Куруку, Анги, Энвен и Тибен, обязаны своим
происхождением Фумбе в Манью. Остальные деревни возникли
из Могамо в разные периоды истории. Эти различия в
происхождении в равной степени влияют на имеющиеся формы
речи могамо.

4.2.2 Состав Могамо

Могамо, известный также как субдивизион Батибо, состоит в
основном из представителей этнической группы "Видикум". Он
охватывает двадцать две деревни: Амбо, Анги, Анонг, Ашонг,
Батибо, Бесси, Бессом, Эфа, Энвен, Эньох, Эвай, Гузанг, Кургве,
Кулабей, Куруку, Мбенкок, Мбунджей, Нген-Мувах, Нумбен,
Ньенджей, Ошум и Тибен (Карта III). В каждой из этих деревень
правит "фон", иначе называемый "атта" или "нек" в Могамо,
который пользуется большим уважением. В 1889 г. Зинтграфф
отметил, что к фону "относятся с внешним уважением, и в его
присутствии люди говорят мягко" (Chilver 1966:1). Следует
отметить, что во всем низовом регионе вступление в должность
фона происходит по наследству и никогда не происходит через
выборы.

Карта III: Деревни Могамо

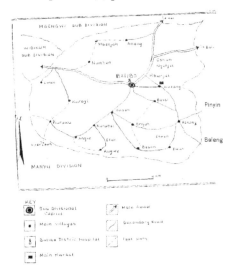

Источник: Адаптировано fron Njang (2001)

4.2.2.1 Социально-политический состав Могамо

Страна Могамо, как уже говорилось, представляет собой федерацию фонов, обладающих большой властью. Каждый из фонов, как и в других местах на пастбищах Баменды в Северо-Западном регионе Камеруна, очень централизован. Обычно фону помогают "бахи", или квартальные старосты, которые помогают ему управлять деревней. Есть также "нчиндас" или "слуги", которые выполняют несколько функций, таких как выполнение поручений фон, обеспечение его безопасности, выполнение решений и даже шпионаж в поисках необходимой информации. Есть и другой класс слуг, обладающих определенной духовной силой. Эти люди принадлежат к тайному обществу, известному как "Нгумба" или "Небфух". Членами этого "мистического культа" являются только фоны, создатели королей, традиционные врачи и спиритуалисты, а также мужчины, принимаемые в него только после обряда посвящения. В вопросах законодательства главным судебным органом является деревенский совет, возглавляемый фоном, который вместе с главами кварталов и знатными людьми принимает решения для общего блага всей деревни. Решения, принятые по итогам обсуждений, являются окончательными и всегда воспринимаются всерьез всеми жителями деревни (Njang 2001:34-35).

4.2.3 Метта или Могамо?

Из приведенных выше разъяснений по поводу истории Могамо становится ясно, что Метта, Нгемба, Нги и Нгво - кланы с одинаковым происхождением. Следовательно, Могхамо не следует ошибочно называть Метта, как это обычно бывает. В конце концов, последний, также известный как Менемо, расположен в другом географическом месте, в подрайоне Мбенгви. Как уже упоминалось выше, Могамо находится в подрайоне Батибо. Поэтому не следует путать оба региона и одно и то же географическое место, говорящее на одном языке. Язык коренных жителей Метта называется Метта или Менемо, а язык жителей Могамо - Могамо. Сходство в языке не означает сходство в языке или клане.

4.2.4 Отношения между Могамо и ее соседями

В целом миролюбивые и гостеприимные жители Могамо общаются со всеми своими соседями без какой-либо дискриминации. В Могамо есть очень большой рынок Гузанг, на который в базарные дни съезжаются соседи и торговцы со всех уголков города.

Из-за того, что эти торговцы имеют различное языковое и культурное происхождение, коренные жители Могамо вынуждены общаться на (пиджин) английском и/или на смеси могамо и пиджин, а также на словах из других языков. С тех пор как этот вековой рынок начал функционировать, качество могамо постоянно снижалось из-за появления новых и адаптированных слов. Билоа, однако, считает, что этот контакт является источником обогащения: Коммерческий обмен между местными жителями и приезжими приводит к появлению новых товаров, которые местные языки должны были обозначить тем или иным способом. Поэтому эти языки будут использовать все процессы словообразования, или неологические процессы, для создания новых понятий, обозначающих реалии, рожденные контактом между Африкой и Европой (Biloa:2004:9).Влияние этой коммерческой деятельности на язык могамо составляет часть пятой главы данной работы.Помимо коммерческого аспекта, межплеменные браки также свидетельствуют о теплых отношениях, которые страна могамо имеет со своими соседями. Могамоанцы заключают межплеменные браки с балисами, пиньинами, видикумами, баянгами, меттами и многими другими. Несмотря на кажущееся мирное сосуществование с соседями, необходимо отметить, что миролюбивый народ Могамо был втянут в ряд войн экспансионистским и воинственным народом Бали. Эти люди воевали и захватили довольно значительную часть территории Могамо с помощью немцев. В качестве примера можно привести деревню Гузанг, которая простиралась на север до реки Момо, но после войн эта деревня потеряла две трети своих богатых земель из-за Бали. Бали также серьезно посягнули на Нген-Мува (Njang, 2001:56- 57). В результате этой экспансионистской политики бали их язык (мунгака) был навязан многим могамоанцам. Сегодня в стране Могамо язык подвергся фальсификации, о чем можно судить по наличию в нем некоторых слов из языка мунгака.

4.2.5 Религиозные верования и практики в Могамо

Коренные жители Могамо верят как в христианского Бога, так и в богов предков. По их мнению, боги предков играют роль посредников между Богом и ними. Считается, что это "сверхъестественное существо" всегда право и справедливо, и всегда готово вознаградить праведников и покарать нечестивцев. Как уже говорилось ранее, могамо также очень верят в своих традиционных правителей. Они верят, что те избраны их предками и сами по себе являются полубогами. Помимо "фонов", существуют традиционные врачи, которых обычно называют "донгами" или "тегумами" и которые обладают большой духовной силой. Большинство коренных жителей Могамо верят, что эти "тегумы" могут общаться с мертвыми, толковать волю своих богов, а также предсказывать будущее. Кроме того, "тегум" способен определить причину смерти человека. Вообще, типичный могамоанец считает, что ни одна смерть не является естественной. Иными словами, у каждой смерти всегда есть причина, даже если человек умирает в возрасте 100 лет. Кроме того, считается, что могамо практикуют колдовство. Поэтому внезапную смерть любого молодого человека всегда приписывают колдовству. Семьи таких людей всегда спешат в "Тегум", чтобы узнать "настоящую" причину смерти члена их семьи. Эта практика сделала Могамо настолько известным, что его обычно называют "землей Тегума". Этот "феномен Тегума" является причиной притока людей со всего Камеруна в Могамо, чтобы посоветоваться с "волшебниками". Жители Могамо также очень верят в свое пальмовое вино. Этот драгоценный напиток используется на традиционных свадьбах, похоронах и для возлияний. Короче говоря, в Могамо его употребляют как на радостных, так и на печальных мероприятиях. Некоторые люди обожают его до такой степени, что возненавидят вас, если вы откажетесь попробовать этот "фичук". Помимо вышеперечисленных традиционных верований, многие жители Могамо верят в христианского Бога. С момента прихода христианства в Могамо их число постоянно растет. Его приход в Батибо оказал большое влияние на культуру народа могамо, особенно на его язык.

4.2.6 Прибытие первого Уайтмена в Могамо

До прибытия миссионеров в Могамо в 1920 году, немецкий исследователь и колонист прошел через эти земли в 1889 году. Именно 12 января 1889 года Цинтграфф и его помощники ступили на землю Могамо. Они прибыли из Юго-Западного региона, пройдя из страны Баньянг через деревни Дефанг, Фотабе, Тинто, Тали и Сабе, поднявшись на уступ Ашонг (Бабессонг) в Могамо, а затем в Бали (Балибург) (Chilver 1966:vii). По прибытии в Ашонг он был настолько поражен оглушительными выстрелами, что заметил: "...здесь почти не было видно оружия - контраст с людьми, живущими у Кросс-Ривер". Пребывание Цинтграффа в Ашонге было недолгим. Он уехал вместе со своим переводчиком Муньенгой и помощниками на Бали 16 января 1889 года, всего через четыре дня после своего прибытия. Перед отъездом немецкому колониальному хозяину показали "военный танец", который произвел на него такое сильное впечатление. После отъезда этого "первого Уайтмена" первые миссионеры коснулись земли Могамо в первой четверти двадцатого века. Хотя его пребывание было недолгим, оно было очень значительным, поскольку способствовало влиянию, которое со временем должен был оказать язык Могамо, особенно потому, что он, наряду с другими немцами, сделал язык Бали настолько мощным, что подчинил себе большую часть региона Травяного поля, включая Могамо.

4.3 Появление миссионеров в Могамо

В этом подразделе рассматриваются три аспекта: появление Базельской миссии, появление Римско-католической церкви и появление "новых церквей".

4.3.1 Появление Базельской миссии

Из обращения, написанного Мудохом (Mudoh, 2005:1-6) и
представленного модератору ПКК, стало известно, что именно в
1920 году в Батибо прибыли первые миссионеры. До их
прибытия жители Могамо верили в язычество и традиционные
религии. Именно в этом году несколько немецких миссионеров
прибыли и поселились на Бали. Проникновение христианской
религии в Могамо встретило сильное сопротивление. Общение
между могамоанцами, балийцами и миссионерами было очень
сложным. Последние открыли школы, в которых преподавали
мунгака и немецкий. Это было сделано для того, чтобы облегчить
туземцам толкование и преподавание Евангелия. По словам
одного из информаторов, набрать учеников в такие школы было
непосильной задачей, поэтому миссионеры прибегали к охоте за
учениками. Их вылавливали из соседних деревень, в том числе из
Могхамо, и заставляли посещать эти школы. В некоторых домах
сирот заставляли посещать эти школы по двум причинам: во-
первых, чтобы облегчить бремя приемных родителей, а во-
вторых, чтобы они могли пойти и умереть, если белые люди
забирали их, чтобы убить (откровения информатора). Когда эти
миссионеры прибыли в деревню Бесси, один Дэвид Мудох был
пойман и доставлен на Бали, где его обучали мунгака и
немецкому языку. По окончании обучения он смог понимать,
читать и толковать Евангелие на языках мунгака и могамо.
Вернувшись в родной Бесси в 1920 году, он собрал детей, а также
нескольких взрослых и начал учить их Слову Божьему в своем
доме. Со временем он приобрел место для поклонения в
окрестностях дворца Фон под названием Гунджен, где и был
возведен церковный дом. Позже, 12 января 1921 года, другой
миссионер, Карлес Фрей, привел учителя миссии, Даниэля
Фонингонга. В школе ему помогал Дэвид Мудох, который в
итоге был крещен 17 ноября 1944 года преподобным Мудидином,
первым камерунским пастором. Отсюда Евангелие
распространилось в другие районы Могамо. Базельская миссия,
которая впоследствии стала известна как Пресвитерианская

церковь в Камеруне, продолжала расти от силы к силе, хотя и сталкивалась со многими трудностями и проблемами. Работа миссии в Батибо привела к открытию многих пресвитерианских начальных школ и Пресвитерианского педагогического колледжа (ПТТК) в Батибо. Несколько лет спустя эта школа была преобразована в пресвитерианскую среднюю школу (ПСС). Создание этих школ, особенно преподавание английского языка, в равной степени способствовало развитию языка могамо.

4.3.2 Появление римско-католической миссии

Католическая вера была принесена в Могамо в начале 1920-х годов. Это произошло благодаря Питеру Ача-Ийя из Батибо, Манге из деревни Эфа, Матиасу Нджимбету из Бали-Ньонга, Таминангу из Бафорчу (Мбу), Матиасу Бидаху из Бавока на Бали и Питеру Нджекеху из Ашонга. Следует отметить, что Питер Ача-Ийя и Манга были крещены в Фернандо-По в Экваториальной Гвинее. Эти катехизаторы преподавали доктрину и готовили катехуменов к крещению. Обучение проходило во временных зданиях. Их штаб-квартира в то время находилась в Нджиникоме. Поэтому они совершали туда поездки на "первые пятницы" и на празднование "праздничных дней". Преподобные отцы Леонард Ондеруотер и Леонард Джейкобс из Нджиникома регулярно ездили из Нджиникома в Могамо для учения и крещения. В 1931 году преподобный отец Леонард Джейкобс крестил первых жителей Могамо: Габриэль Нгу Мунох, Майкл Джеми и Джозеф Саби. Могамо входил в состав прихода Видикум. Этот приход был открыт в 1951 году, а его первым приходским священником стал преподобный отец Лео Ван Сон. С 1951 по 1973 год было построено множество церковных домов в Эньохе, центральном Батибо, Ашонге и Амбо. Также были построены школы в Эньохе, Ашонге и других деревнях. Удовлетворенные развитием событий, церковные власти предоставили автономию приходу Батибо в октябре 1973 года. Он был официально открыт Его Преосвященством Павлом Вердзековым, архиепископом Баменды того времени, но ныне блаженной памяти. Преподобный отец Роберт О'Нил был первым приходским священником, направленным на работу в этот приход. Этот приход охватывал весь Могамо и даже распространялся на Куано, Элум, Гурифен и Ньеннеба в дивизионе Манью. Приведенная выше информация о появлении Римско-католической церкви в Батибо была получена из сборника, составленного Дж. А. Нгва в 1999 году. Свой вклад в этот документ внесли также Мунох Габриэль, Сама Томас и Лукас Мбах по случаю празднования серебряного юбилея прихода Святого Себастьяна в Батибо.

4.3.3 Появление "новых церквей

Основные церкви (ПЦК и Католическая миссия) действовали в Могамо более пятидесяти лет до прихода "новых церквей", известных также как пятидесятнические церкви. Они появились в Могамо в 1970-1980-х годах. Появление так называемых "Божьих людей" или "проповедников процветания" ознаменовало начало "возрожденчества" в Могамо (Samah 2005:1). Большинство этих "церквей возрождения" прибыли в Могамо из Нигерии. Наиболее выдающимися из них были Апостольская церковь (1967), Миссия полного Евангелия (середина 1980-х), Церковь Христа (конец 80-х), Библейская церковь "Глубокая жизнь" (1994) и Международное христианское миссионерское братство (CMFI) в 1994 году. Их основная деятельность включала организацию программ возрождения и "исцеления", крестовых походов, съездов, семинаров и конференций. Появление вышеперечисленных деноминаций среди населения Могамо, безусловно, оказало влияние на политическую, экономическую, социальную и культурную жизнь этого народа, в частности на его язык, особенно если учесть, что большинство этих церквей прямо или косвенно занимались письменным/устным переводом с английского на язык Могамо. Приведенная выше информация о появлении различных деноминаций внесла огромный вклад в качество устного перевода в Могамо. Следует подчеркнуть, что эти церкви пришли вместе с английским языком, LWC, с которого осуществляется устный перевод на Могамо, LNC. Очевидно, что это сопряжено со многими трудностями, учитывая особенности LWC и LNC, о которых говорилось во второй главе данной работы. Описание ситуации на местах, проблемы и перспективы устного перевода с языка более широкого общения (английского) на язык более узкого общения (могамо) рассматриваются в пятой главе данной работы.

4.4 Лингвистический контекст Могамо

В лингвистическом контексте Могамо рассматриваются следующие аспекты: лингвистическая география, генетическая классификация, варианты Могамо и многоязычие в Могамо.

4.4.1 Лингвистическая география

Как уже упоминалось в этой главе, носители языка могамо не ограничиваются только коренным населением, проживающим в подрайоне Батибо. Их также можно встретить в Бафорчу, Баба II, Нгиенмбо и Мбе - все в субдивизионе Санта, в деревне Банджа, а также в Абегуме, Бофее, Диче и Тикоме в субдивизионе Видикум. По данным Нджека Матхауса Мбаха (2005:1), в отличие от 43 332 носителей могамо, зарегистрированных в 1992 году, сейчас на могамо говорят более 83 000 человек в субдивизионе Батибо. Эти последние статистические данные были получены после демографической переписи, проведенной сельским советом Батибо. Эту информацию предоставил руководитель службы общинной радиостанции: Voice of Moghamo (VOM). Это означает, что другие носители языка в вышеупомянутых деревнях в дивизии Мезам могут увеличить эту цифру. Как и многие другие языки, могамо, безусловно, имеет свои речевые формы или диалекты, и прежде чем определить диалекты, необходимо рассмотреть классификацию могамо.

4.4.2 Генетическая классификация

Как один из языков банту, могамо получил лингвистическую генеалогическую классификацию: нигер-конго, атлантик-конго, вольта-конго, бенуэ-конго, бантоидный южный, широкие травяные поля, момо, как показано на семейном древе ниже. Согласно Гордону (2005), для языка могамо не существует прямой записи. Информацию о могамо можно найти в разделе "Метта". Альтернативные названия языка Могамо включают Могамо-Менемо, Менемо-Могамо, Видикум-Тадкон, Чубо, Батибо, Метта, Бамета, Мута и Митаа (интернет-источник). Согласно этому же источнику, Могамо и Менемо представляются как диалекты Мета. Однако, результаты, полученные в ходе данного Однако в ходе исследования выяснилось, что Мета, Нгемба, Могамо, Нги и Нгво являются диалектами одного общего языка, известного как Видикум. Дье и Рено (1993, цит. по Loh; 2005:8), со своей стороны, идентифицируют могамо и мета как два отдельных языка, что можно проверить по карте IV (Лингвистический атлас Камеруна), приведенной ниже, а также по лингвистическому семейному древу, приведенному ниже. Это генеалогическое древо было адаптировано и модифицировано (Karzner's (1987, как цитируется Loh; 2005:9)) данным исследователем. Хотя классификация Гордона появилась совсем недавно, как носитель могамо, этот исследователь считает, что даже если бы могамо был диалектом какого-либо языка, это не должен быть метта, учитывая лингвистическую историю последнего. Напротив, Метта может быть по праву классифицирована как вариант Могамо, потому что первый произошел из Видикума, пройдя через Батибо к их нынешнему местоположению в Мбенгви. Таким образом, Мета и Могамо можно рассматривать как диалекты общего языка, известного как Видикум. Тем не менее, следует подчеркнуть, что о видикуме как о языке как таковом больше не говорят; только его диалекты, такие как могамо, нгие, нгво и мета, существуют сейчас как самостоятельные языки. Предки нгамамбо мигрировали из Видикума и провели время в Батибо, сердце могамоязычного региона, прежде чем поселиться в своей нынешней местности.

Карта IV: Лингвистическая карта Камеруна

Источник: Лингвистический атлас Камеруна

Таблица 1: Лингвистическое семейное дерево

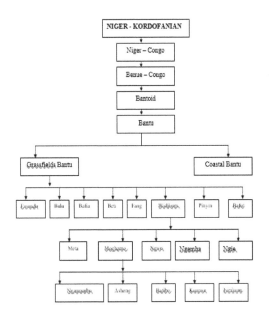

Источник: Karzner 1987, цитируется по Loh; 2005:9, адаптировано
и изменено исследователем

4.4.3 Варианты Могамо

В лингвистике вариант или диалект, очевидно, рассматривается
как некое отклонение от нормы или стандартной формы языка
(Chambers, 1980:1). Согласно Дье и Рено (1983, цит. по Mbah;
2005:1), могамо имеет четыре речевые формы или варианта. Эти
варианты - Батибо, Иирикум, Бесси и Кургве, относящиеся к зоне
8 с номером 866. Мбах, однако, не согласен с Дье и Рено. Он
утверждает, что ашонг (а не бесси, как указано в ALCAM)
является одной из речевых форм. В результате проведенного
исследования выяснилось, что существует еще один диалект,
известный как нгамамбо, на котором говорят носители могамо,

проживающие в Бафорчу, Мбеи и Баба II в подрайоне Санта дивизиона Мезам (см. лингвистическое семейное древо выше). Из четырех диалектов, встречающихся в Могамо, эталонной формой речи является батибо, на котором говорит большинство могамоанцев. На этом диалекте говорят примерно в восьми из двадцати двух вышеупомянутых деревень: Батибо (Ави), Бесси, Гузанг, Эвай, Мбунджей, Нген-Мувах и Ньенджей, причем первые три являются наиболее населенными в этом районе.

4.4.4 Многоязычие в Могамо

В стране Могамо ежедневно говорят на четырех языках, помимо Могамо: Пиджин Инглиш, английский, французский и мунгака. Начнем с того, что пиджин-английский занимает второе место после могамо; он используется в качестве средства общения в церквях, на рынках, в школах (как учениками, так и учителями вне класса), а также для общих бесед с неместными жителями.

Общение с иностранцами с помощью пиджина становится очень необходимым в дни работы рынка Гузанг для устранения пробелов в общении. Он также используется дома родителями, которые предпочитают говорить на пиджине со своими детьми из гордости и/или незнания необходимости продвижения и возрождения своего языка. Что касается английского языка, то он используется в основном интеллектуалами и в официальных ситуациях: в судах, школах, церквях (иногда) и административных кругах. Есть также некоторые родители, особенно грамотные, которые используют этот язык как средство общения со своими детьми дома. Иногда это происходит в результате межплеменных браков, которые затрудняют использование родного языка в быту или просто для престижа. Этот язык, регулярно используемый в школах, вскоре покидают ученики, а иногда и их учителя после окончания занятий. Наконец, в Могамо также говорят на французском, мунгака и других языках, хотя и в меньшей степени. Иногда молодое поколение смешивает могамо с пиджином, английским и французским, чтобы скрыть свои секреты от родителей. В целом, носители языка могамо склонны к переключению кодов или смешению кодов по разным причинам (переход с одного языка на другой или смешение двух или более языков в диалоге). Все вышеперечисленные языки влияют на то, как пишут и говорят на могамо сегодня. Одним словом, явление смешения кодов влияет на качество и полноту устного перевода с английского на могамо. После обсуждения географического, исторического, социально-политического и лингвистического контекста региона, в котором говорят на языке могамо, предпоследняя глава данной работы посвящена представлению и анализу данных, собранных в ходе исследования.

ГЛАВА V

ПРЕДСТАВЛЕНИЕ И АНАЛИЗ ДАННЫХ

5.0 Введение

В этой главе особое внимание уделяется устному переводу с LWC на LNC. Она состоит из двух основных частей: история и практика устного перевода в Могамо и устный перевод с LWC на LNC: случай английского языка и Могамо.

5.1 История и практика устного перевода в Могамо

Хотя основной целью данной работы является изучение устного перевода с английского языка на язык Могамо, было бы неправильно перейти сразу к этому аспекту, не представив общий обзор этой практики в стране Могамо. Именно поэтому перед разделом, посвященным устному переводу с английского на могамо, дается общая историческая картина и практика устного перевода в Могамо. Вкратце, данная глава посвящена истории и практике устного перевода в Могамо. Следует подчеркнуть, что в этой главе использован всеобъемлющий подход. Это означает, что она охватывает все языки, на которых говорят в общине Могамо: Могамо, английский, мунгака, пиджин, французский, камфранглас и метта.

5.1.1 История устного перевода в Могамо

Раздел подразделяется на три периода: доколониальный, колониальный и постколониальный до настоящего времени.

5.1.1.1 Доколониальная эпоха

В доколониальный период сообщения в Могамо обычно передавались с помощью семи основных средств: прорицателя, листа или мирного растения, чаши с пальмовым вином, барабана, гонга, направления белки или крысы и веры в "хорошую ногу". Общение обычно происходило так, как описано ниже:

- Начнем с того, что жители Могамо верят, что прорицатели или гадалки, которых в Могамо называют "тегум" или "нгамбе", обладают сверхъестественными способностями, позволяющими им предсказывать будущее человека или называть причину его смерти;

- Со своей стороны, лист - еще один важный передатчик послания, особенно если его повесить на дверной столб, прикрепить к пробке кувшина с пальмовым вином, приколоть к спорному участку земли или фермы или найти на перекрестке;

- Точно так же, когда бьют в гонг или барабан, особенно в неурочное время, это всегда доносит до слушателей какое-то послание;

- Позиция, в которой держат чашу с пальмовым вином перед тем, как передать ее кому-то, очень важна для общения, особенно в домах, где пьют пальмовое вино. Если сообщение будет неверно расшифровано или истолковано, собеседник рискует быть отравленным;

- Кроме того, язык жестов широко использовался для общения в доколониальные времена из-за языкового барьера.

- Кроме того, направление движения крысы или белки, когда могамонец находится в путешествии, предвещает либо плодотворный, либо негативный исход. Если уроженец Могамо видит, как она переходит дорогу справа налево, это предвещает благоприятный исход. И наоборот, если животное переходит дорогу слева направо. По сути, такая ситуация означает, что "хорошая вещь" покинула "мешок" (левую руку).

- Наконец, для сообщества Могамо также важно послание, передаваемое понятием "хорошая нога" или "плохая нога". Это понятие различается у разных людей, поскольку одни считают хорошей ногой правую, другие - левую. Несомненно то, что, когда типичный представитель племени могамо ударяет по левой или правой ноге, направляясь куда-либо, интерпретируемое сообщение зависит от того, какую ногу он считает "плохой" или "хорошей".

Язык барабанов, гонгов, листьев и/или чашек с пальмовым вином также по-прежнему широко распространен, хотя очень немногие могут правильно интерпретировать послания, передаваемые такими инструментами. Это очень негативно сказывается на культуре Могамо, поскольку иногда сообщения передавались жителям деревни без ведома иностранцев или врагов.

5.1.1.2 Колониальная эпоха

Эта эпоха подразделяется на два периода: Германское правление (1888-1916 гг.) и Британское правление (1916-1961 гг.) - два колониальных хозяина англоязычного Камеруна.

5.1.1.2.1 Немецкая администрация

Когда первые немцы прибыли в Камерун, им, конечно же, потребовались услуги переводчика, чтобы легко общаться с местным населением. Как уже говорилось во введении к этой главе, в колониальный период мало что делалось, особенно формально, в отношении устного перевода. Из документов, попавших в руки исследователя, в качестве переводчика было названо имя только одного человека. Этим человеком был Муньенга - раб Дуалы Манга Белла. Он был переводчиком Зинтграффа, приехавшего из страны Баньонг (Chilver, 1966:1). Информация, полученная от одного из источников, Джона Менгета, показала, что этот человек назывался Муньенга у коренных жителей Могамо, что означало сверхъестественную личность, которая была членом тайного общества (культа). Считалось, что такие люди всеведущи, и это объясняло, почему "Муньонго" мог свободно и легко толковать. Многие люди восхищались им и завидовали ему. Из беседы с профессором Чиа Эммануэлем выяснилось, что в этот период устный перевод осуществлял другой прирожденный переводчик, известный как

Йоханнес Кисоб. Последний, уроженец Бафорчу, служил "переводчиком/переводчиком" для белых для всей этнической группы Видикум; это привело к возникновению языка Видикум. Белые, управлявшие всей тогдашней провинцией Баменда, использовали природные способности Кисоба к языкам и брали его с собой каждый раз, когда посещали страну Могамо. Кроме Муньенги и Йоханнеса Кисоба могли существовать и другие переводчики. Это объясняется тем, что миссионеры Базельской миссии существовали в период, предшествовавший захвату Западного Камеруна британскими колониальными властями в 1916 году. Для того чтобы проповедовать Евангелие, они, конечно же, прибегали к помощи переводчиков. Однако, поскольку никаких документальных сведений об этой деятельности не сохранилось, исследователю удалось получить только документальные сведения о Муньенге и устные - о Кисобе.

5.1.1.2.2 Британская администрация

Как и в случае с немцами, при захвате британцами Западного Камеруна в целом и Могамо в частности, им также потребовались услуги переводчиков для общения с туземцами. После того как в 1889 году Зинтграфф проехал через Могамо на Бали, многие люди были пойманы и доставлены на Бали, где их обучали мунгаке, а также Слову Божьему. Именно благодаря этому "насильственному обучению" многие из тех, кто покинул Бали, впоследствии стали катехизаторами, светскими проповедниками, евангелистами, а впоследствии и переводчиками Евангелия с мунгака, пиджин-инглиш и английского языка в Могхамо. Это "принудительное образование" прямо или косвенно способствовало эволюции языка могамо. Примерно в 1920 году первые переводчики начали толковать Слово Божье в Могамо. Среди них выделялись такие имена, как Дэвид Мудох, Питер Ача-Ийя, М.Е. Мессак Ндам, Ндифон Джонсон Дасси (почтальон), Дж.М. Афух, Л.М. Ндамуконг, П.А. Фомби, Джейкоб Нгва, Дэвид Мукум, Соломон

Фомум и Теке Мозес Аненг. Питер Ача-Ия, в частности, с 1927 года служил переводчиком для преподобных отцов из Кумбо и Нджиникома. Все вышеперечисленные лица были уроженцами Могамо. Другие катехизаторы, такие как Тебек Фонгриши из Метты и Садрак Тибаб из деревни Анонг, также занимались переводческой деятельностью во времена британского правления. Большинство из вышеперечисленных "переводчиков" - люди позднего возраста. Помимо устного перевода в церквях, некоторые из вышеперечисленных людей также служили переводчиками в судах - судах коренных народов. Некоторые из них были настолько одарены в языках, что могли говорить и писать на шести языках. В качестве примера можно привести Теке Мозеса Аненга, который мог говорить и понимать дуала, мунгака, бакоси, манкон, пиджин-инглиш, английский язык и свой родной могамо. Так как английский является одним из двух изучаемых языков, во второй части данной главы проводится углубленное изучение проблем и перспектив перевода такого LWC на LNC, то есть могамо.

5.1.1.3 Постколониальный период до настоящего времени

Этот период охватывает годы с 1960-го по настоящее время. По сравнению с колониальной эпохой можно сказать, что в постколониальную эпоху в услугах переводчика нуждалось больше людей, чем в предыдущую. Это произошло в результате того, что британские колониальные хозяева и миссионеры привезли с собой больше школ, больниц и судов. Эти учреждения, возглавляемые в основном некоренными могамоанцами, для эффективной работы нуждались в услугах переводчиков. Стоит подчеркнуть, что вся эта переводческая деятельность осуществлялась "необученными" переводчиками или теми, кого некоторые авторы называют "природными переводчиками". Единственной квалификацией большинства из них было умение говорить и понимать как минимум два или более языков.

5.1.1.3.1 Административные цели

Поскольку в 60-70-е годы многие уроженцы Могамо с трудом понимали "язык Уайтмена", услуги переводчиков были очень нужны, особенно во время судебных заседаний. Одним из таких прирожденных переводчиков был Мбах Лукас Абруо, исполнявший свои обязанности в 1972-1982 годах. Когда его спросили, как он переводил в свое время и как происходит судебный перевод, он рассказал исследователю, что делал то, что можно с полным правом назвать донесенной речью. Это хорошо видно на примере таких предложений, как: Менгет Джон, учитель средней школы на пенсии, писатель и советник МОЛКОМ, также переводил санитарных врачей и других иностранцев. По его словам, плохое и неправильное толкование очень вредно. Иногда неправильное толкование было преднамеренным. Он привел пример тогдашней деревни Нжен, которая из-за неправильного толкования потеряла свою идентичность и автономию, став деревней Ашонг. Он также привел другой пример, когда офицер отдела дал максимум два дня на исполнение решения, но "переводчик" сказал, что неплательщика попросили привести двух коз. Когда эти козы были принесены, переводчик завладел ими, вместо того чтобы отнести их офицеру отдела, как он говорил. В заключение он сказал, что иногда такие неправильные толкования делаются намеренно, в корыстных целях. Еще один человек, который служил у некоторых администраторов в качестве переводчика, - Теке Мозес Аненг, учитель начальной школы на пенсии. Помимо устного перевода в церквях, его постоянно вызывали в суды или на политические собрания, где присутствовали иностранцы или люди, не говорящие на языке могамо. Среди других переводчиков колониального периода были Питер Ача-Ийя из деревни Ави, старший мессенджер из Метта и массажист Аногетам из деревни Бесси. По словам Теке Мозеса, это были "очень опытные переводчики", работавшие в судах туземных властей (N.A.). Помимо вышеперечисленных переводчиков, Мбах

Хансель, принц из фондома Ави и отставной директор школы, также переводил во время политических встреч. Например, он рассказал исследователю, что выступал в качестве переводчика, когда премьер-министр тогдашнего Западного Камеруна Августин Нгом Хуа посетил Батибо в 1966 году.

5.1.1.3.2 Коммерческие цели

Расположенный на Трансафриканском шоссе, Могамо был и остается транзитной зоной для многих деловых людей, направляющихся в Нигерию и обратно. Много лет назад жители Могамо совершали деловые поездки в Нигерию. С другой стороны, некоторые нигерийские бизнесмены также совершали подобные поездки в Видикум или Могамо. Для того чтобы общение происходило, нужны были переводчики. Такие люди, как Менгет Джон и Теке Мозес Аненг, в равной степени выполняли эти обязанности, а прибытие в Могамо иностранцев по деловым причинам также повлияло на то, как сегодня говорят на языке Могамо. Даже наличие старого рынка Гузанг в Батибо в доколониальные времена также способствовало эволюции этого языка, о чем можно судить по большому количеству иностранных слов, которые сейчас регулярно используются в Могамо.

5.1.1.3.3 Религиозные цели

Помимо устного перевода в административных и коммерческих целях, большинство из вышеперечисленных переводчиков также переводили в церквях. Следует отметить, что большинство из них были светскими проповедниками и катехизаторами, и поэтому их приоритетом были их различные церкви. Среди таких толкователей были Мбах Хансель, Менгет Джон, Теке Мозес Аненг и многие другие, уже упоминавшиеся в колониальную эпоху. Моисей Тавах был еще одним светским проповедником, который толковал Слово Божье в ПК Ньенджей в 1966-2003 годах. Он переводил с мунгака, пиджина и английского на могамо и наоборот. Иногда он напрямую переводил с английского на мунгака, доминирующий язык района Грассфилд, навязанный немцами в то время. Поэтому сегодня старые христиане во многих церквях Могамо могут с большей легкостью произнести молитву "Отче наш" и Апостольский символ веры на мунгака, чем на могамо. Хотя в Могамо молитва уже переведена, ее до сих пор читают на английском во многих церквях Батибо, но почти не читают в Могамо. Помимо работы судебным переводчиком, Мбах Лукас Абруо также служил толкователем Евангелия в Римско-католической церкви в городе Батибо. Эту обязанность он выполнял в течение многих лет, пока в последнее время многие прихожане не стали говорить и понимать на пиджин-английском и/или английском языках. Наконец, Мбах Мартин, вышедший на пенсию печатник и один из вещателей на национальных языках на радио Буэа, до сих пор является переводчиком общины в центральной церкви Бесси, в своей родной деревне, где он проводит свою пенсию. Благодаря своим вещательным способностям он был избран президентом тогдашней Ассоциации вещателей на национальных языках радио Буэа (NALABRA) в 1968-1990 годах. Большинство из вышеперечисленных переводчиков умели говорить и/или писать на языке мунгака, потому что немецкие колониальные хозяева обязали их выучить его. Именно по этой причине большинство из них могли легко переводить с английского и мунгака на могамо и наоборот. После вышеприведенного исторического обзора деятельности устных переводчиков в Могамо настало время рассмотреть, как это средство коммуникации практикуется в этой части Камеруна.

5.1.2 Практика устного перевода в Могамо

На фоне вышеизложенного об истории интерпретации в Могамо было бы уместно в данный момент рассмотреть, как это искусство практикуется в регионе. С этой целью основное внимание уделяется типам и способам устного перевода, практикуемым в Могамо. На самом деле, вполне вероятно, что все восемь типов и шесть способов устного перевода, описанные в обзоре литературы во второй главе данного исследования, не практикуются в Могамо на данный момент.

Это можно объяснить тем, что район Могамо и его язык недостаточно развиты, чтобы требовать и удовлетворять высокие запросы и/или затраты на наем переводческого оборудования и профессиональных переводчиков. Следовательно, типы и способы, доступные и практикуемые в Могамо, зависят от средств и качества персонала, находящегося в распоряжении общины.

5.1.2.1 Практикуемые типы

На момент, когда исследователь отправился на работу, в Могамо было выявлено шесть видов устного перевода. К ним относятся религиозный, общественный, медицинский, судебный, двусторонний или связной и устный перевод на язык жестов.

5.1.2.1.1 Религиозный перевод

Религиозный или церковный перевод или перевод для религиозных целей осуществляется в церквях или во время собраний с участием христиан, особенно если лидеры на таких мероприятиях не являются уроженцами Могамо. Они проводятся в различных районах Могамо и его окрестностей. Это касается различных деноминаций, таких как пресвитерианская церковь в

Камеруне, католическая церковь, Global Frontiers, Full Gospel, Apostolic и другие. Как уже отмечалось ранее, цель такого вида перевода - проповедовать Евангелие Иисуса Христа. Актерами или толкователями в вышеперечисленных деноминациях являются как женщины, так и мужчины. Однако некоторые деноминации, особенно католические церкви, все еще не смирились с использованием переводчиков-женщин. Подробнее о качестве, возрасте и опыте этих переводчиков мы поговорим далее в этой главе.

5.1.2.1.2 Общественный переводчик

Напомним, что общественный перевод, иначе называемый государственным или диалоговым, осуществляется в сфере государственной службы для облегчения общения между официальными лицами и обычными людьми. Этот тип, который обычно является двунаправленным, практикуется в полицейских участках, жандармских бригадах, больницах, школах и квазитоталитарных государственных учреждениях в Батибо. Согласно Харрису (Harris, 1977), которого цитирует Ваденшо (Wadensjo, 1998:33-37), естественные переводчики - это основные люди, участвующие в двунаправленном устном переводе. Эти "естественные переводчики" или "естественные интерпретаторы", как их предпочитает называть этот исследователь, должны переводить, используя два языка, которые являются языками двух сторон, участвующих в диалоге или ситуации лицом к лицу, которые не могут понять друг друга. Можно назвать несколько причин, по которым в Могамо широко практикуется данный вид устного перевода. Первая из них связана с тем, что в Могамо обычно наблюдается приток иностранцев или неместных жителей благодаря трансафриканскому шоссе, проходящему через эту общину. По этому шоссе в Батибо ежедневно приезжают люди из других племен и даже иностранцы (нигерийцы), которым приходится взаимодействовать с жителями Могамо. Еще одна возможная причина - большой рынок Гузанг, который раз в неделю привлекает в Батибо тысячи неместных жителей по деловым причинам. Вышеперечисленные и многие другие причины требуют наличия временных или "естественных" переводчиков.

5.1.2.1.3 Судебный перевод

Как и в других странах, судебный перевод является еще одной формой или видом устного перевода, практикуемого в Могамо. Из названия понятно, что это еще одна форма устного перевода для государственных нужд. Термин "судебный перевод" широко используется для обозначения любого вида юридического перевода, хотя зал суда на самом деле является лишь одним из нескольких контекстов, в которых может осуществляться юридический перевод. К внесудебным контекстам относятся интервью в полицейских участках, таможенных пунктах и адвокатских кабинетах. Как и устный перевод в сообществе, он также обычно является двунаправленным. Другими словами, естественный переводчик воспринимает сообщение судьи на английском языке, а затем передает его обвиняемому на языке могамо и наоборот.

5.1.2.1.4 Медицинский перевод

Медицинский устный перевод - еще один вид устного перевода, который ежедневно практикуется в Могамо. Учитывая, что не местные жители составляют неотъемлемую часть медицинского персонала, направленного на работу в Могамо, а также наличие родителей, которые могут изъясняться только на своем родном языке (могамо), услуги переводчика являются обязательными, иначе пациенты останутся без должной медицинской помощи. Как было сказано выше, некоторые из таких родителей приходят вместе со своими детьми, которые служат импровизированными переводчиками. При отсутствии таковых любой местный житель привлекается к работе в этом качестве, по окончании которой ему платят "спасибо". Основными учреждениями, в которых медицинский переводчик практикуется практически ежедневно, являются медицинский центр Святого Иоанна Божьего и районная больница Батибо. Стоит подчеркнуть, что до недавнего времени высшее руководство католической больницы Святого Иоанна Божьего состояло из европейцев. Подобный вид устного перевода также практикуется в травяных домах в Могамо, куда съезжаются люди со всего Камеруна, чей язык общения - английский или французский. Помимо травяных домов, такие люди также посещают Могамо, чтобы обратиться к гадалкам или к тем, кого уроженцы Могамо называют нгамбе или тегум. Для людей с таким разным происхождением является открытым секретом, что эффективное общение может происходить только с помощью импровизированных переводчиков. Как уже говорилось, эти переводчики, как правило, не имеют специальной подготовки.

5.1.2.1.5 Двусторонний или связной перевод

Двусторонний или связной устный перевод - это пятый вид устного перевода, практикуемый в Могамо. Как было сказано выше в разделе "Обзор литературы" во второй главе, это вид устного перевода, при котором переводчик использует два языка, чтобы переводить для двух или более сторон или людей. Этот вид устного перевода распространен в таких местах, как больницы, школы, суды, полицейские участки и т. д. Иногда его называют устным переводом ad hoc, потому что, как только он завершается, обязанности переводчика прекращаются.

5.1.2.1.6 Сурдоперевод

Как и в других общинах, в Могамо есть слабослышащие или плохо слышащие люди. По этой причине везде и всегда, где это необходимо, практикуется устный перевод на жестовый язык.

Этот вид перевода предоставляется всем тем, кто не может понять оригинальную речь. Именно по этой причине, как ни странно, все люди с языковыми трудностями попадают в эту категорию. Следует отметить, что устный перевод на язык жестов действительно довольно сложен для эффективной практики, поскольку это самостоятельный язык, который необходимо предварительно выучить и освоить. По большому счету, этот язык жестов и знаков часто используется плохо, особенно теми, кто в нем новичок или любитель.Из вышеперечисленных видов устного перевода, практикуемых в Могамо, можно сделать вывод, что "естественные" или "импровизированные" переводчики обычно необучены и различаются по возрасту - от детей до взрослых. Используемые языки включают могамо, английский, пиджин-английский, французский и мунгака. Таким образом, устный перевод осуществляется с могамо на вышеупомянутые языки и наоборот. После обсуждения вышеупомянутых видов устного перевода в Могамо, в следующем разделе мы рассмотрим способы устного перевода, практикуемые в Могамо.

5.1.2.2. Практикуемые режимы

В Могамо регулярно практикуются три основных способа устного перевода: последовательный, устный перевод шепотом и зрительный перевод. Как уже говорилось ранее, режим устного перевода рассматривает способ или манеру, в которой осуществляется устный перевод.

5.1.2.2.1 Последовательный перевод

Как уже было сказано во второй главе данной работы, последовательный перевод является одним из основных способов, ежедневно практикуемых на международных конференциях, семинарах, а также на небольших или ограниченных собраниях или встречах. Понятно, что, услышав о последовательном переводе, человек представляет себе переводчика, который слушает оратора, делая записи, а затем встает и произносит речь на своем родном языке. В Могамо картина несколько иная. В Могамо, как и в других районах Камеруна, последовательный перевод осуществляется предложение за предложением или абзац за абзацем. Вместо того чтобы говорить до конца, говорящий время от времени делает паузы, чтобы переводчик мог передать сообщение на своем родном языке (Jacques 1990:25). Другими словами, оратор время от времени прерывает поток речи, чтобы дать переводчику возможность донести сообщение до собеседника. Вместо того чтобы называть это последовательным устным переводом, Жак (там же) называет его полупоследовательным. В основном такой способ устного перевода практикуется во время воскресных церковных служб и других торжественных мероприятий, чтобы убедиться, что христиане поняли, о чем идет речь. Он также используется во время политических собраний (митингов) с главной целью - донести информацию до рядовых боевиков.

5.1.2.2.2 Устный перевод шепотом

Как видно из названия, переводчик здесь просто "шепчет" на ухо одной из сторон, участвующих в переговорах. Хотя по-французски это называется "перевод шепотом" или "chuchotage", большинство говорящих в таких ситуациях на самом деле говорят низким голосом, а не шепчут как таковые. Следует подчеркнуть, что при таком способе устного перевода не требуется никакого оборудования. В Могамо этот способ практикуется во время брачных церемоний или даже как часть медицинского или юридического устного перевода. Переводчики в таких случаях похожи на тех, кто занимается устным переводом в общине в целом.

5.1.2.2.3 Зрительный перевод

Согласно проведенному исследованию, зрительный перевод является наиболее распространенным способом устного перевода в Могамо. Зрительный перевод, как и полупоследовательный, часто практикуется в различных церквях или деноминациях, упомянутых ранее в этой работе. На самом деле, ни одна из проповедей, произносимых в церквях, не написана непосредственно на могамо. Проповедники пишут свои проповеди на английском языке, а затем произносят их на могамо, когда поднимаются на кафедру. Другими словами, они делают зрительный перевод своих проповедей. Этот способ перевода можно проиллюстрировать, получив письма, написанные неграмотным или слабовидящим людям. Чаще всего такие неграмотные люди передают эти письма грамотным людям, которые затем зачитывают или зрительно переводят их на могамо. Рассмотрение истории и практики устного перевода с английского на могамо с доколониального периода до колониального и послеколониального, а также типов и способов, практикуемых в могамо, позволяет перейти ко второй части этой главы и наиболее важному разделу данной работы, посвященному устному переводу с языка широкого общения (английского) на язык ограниченного общения (могамо).

5.2 Устный перевод с английского на могамо

5.2.0 Введение

Вторая часть пятой главы посвящена двум основным аспектам: актерам и аудитории, вовлеченным в процесс устного перевода, и проблемам, возникающим при осуществлении устного перевода с английского языка (LWC) на язык могамо (LNC).

5.2.1 Привлечение переводчиков и зрителей

Из формулировки этого подраздела очевидно, что он выделяет два основных аспекта: во-первых, актеров, осуществляющих устный перевод на могамо, и, во-вторых, аудиторию или рецепторы коммуникации.

5.2.1.1 Биография переводчиков

В разделе "Акторы" исследователь стремится определить тех, кто участвует в устном переводе с английского языка LWC на язык LNC Moghamo. Для этого внимание уделяется поиску ответов на такие вопросы, как кто, где и когда эти акторы осуществляли перевод. После их идентификации и определения местонахождения внимание сосредотачивается на классификации переводчиков. В основном переводчики сообщений с английского на могамо - это те, кого некоторые авторы называют естественными переводчиками, как уже говорилось выше в четвертой главе. Этот исследователь считает, что, возможно, лучше называть их "временными" переводчиками из-за их непостоянной роли в качестве переводчиков. Вследствие их временного характера их идентификация представляет собой сложную задачу. Проведенное исследование показало, что их число столь же велико, как и количество ситуаций, в которых требуется устный перевод: суд, сопровождение, медицина, церковь и т. д. Тем не менее, исследователь выделил некоторых из них, которые упоминаются в данной работе, чтобы послужить ориентиром для выявления других в Могамо или за его пределами. Прежде чем рассказать о некоторых из этих временных переводчиков (в отличие от обученных переводчиков), следует отметить, что их категории также разнообразны: возраст, диапазон, уровень образования, степень двуязычия/многоязычия, подготовка и опыт. Полученная информация свидетельствует о том, что возраст временных переводчиков Могамо варьируется в зависимости от того, о ком идет речь: ребенок, подросток, взрослый, молодой или пожилой. Что касается уровня образования, то некоторые из них являются обладателями аттестата об окончании первой школы, в то время как другие имеют аттестаты обычного или повышенного уровня. Стоит отметить, что есть даже те, кто никогда не заканчивал седьмой класс. Их способность к устному переводу зависит от того, насколько они владеют английским и могамо (билингвы) или другими языками, помимо двух вышеупомянутых (например, пиджин-английским, французским и мунгака). Что касается их подготовки, то все, с кем столкнулся исследователь, сказали, что они прошли обучение на рабочем месте. Другими словами, они никогда не посещали официальные школы устного перевода, чтобы получить профессию переводчика. Как уже говорилось, их единственной квалификацией было умение говорить и понимать как на могамо, так и на английском. И наконец, если одни из них переводили в любой момент, когда возникала ситуация, то другие делали это и продолжают делать регулярно, особенно те, кто занимался церковным переводом. Итак, кто же на самом деле является авторами устного перевода с английского на могамо? Прежде чем говорить о естественных переводчиках, выявленных в ходе данного исследования, следует отметить некоторых из них, указанных в четвертой главе: Йоханнес Кисоб, Менгет Джон, Теке Мозес, Мба Лукас Абруо, Мбах Мартин и Мозес Тавах. Из этого списка только один до сих пор активен и продолжает заниматься церковным толкованием. Речь идет о предпоследнем природном переводчике, упомянутом выше. Из Буэа, где он служил в качестве вещателя и печатника на национальном языке, он переехал в свою родную деревню Бесси, где каждое воскресенье, а также всегда и везде, где возникает необходимость, толкует Слово Божье. 28 февраля 2010 года исследователь видел, как он выступал с прямым переводом в пресвитерианской церкви Камеруна (ПЦК), община Бесси. Проповедь на английском языке читал 73-летний Нджанг Фрэнсис. Из того, что он сделал, стало ясно, что послание было донесено до христиан. Его Королевское Высочество Фон Ричардсон Мба Форкум из Бесси, интервью с которым состоялось по окончании службы, подтвердил это утверждение. Несмотря на прекрасное исполнение, в его переводе на могамо встречались такие английские слова, как satan/shatan и evil. Больше таких слов упоминается далее в этой главе.

Такое переключение кодов или смешение кодов довольно распространено среди носителей языка могамо, хотя иногда оно не мешает пониманию сообщения. В пресвитерианской церкви Бесси г-ну Мбаху Мартину помогает 23-летний Мбах Мбах Джавара, который является старейшиной и секретарем общины. По его словам, чтобы лучше понять и усвоить послание, прежде чем распространять его, тексты следует перечитывать снова и снова. Что касается импровизированных переводчиков, которых удалось найти в последнее время, то две из них были женщинами, а остальные - мужчинами. Первая женщина-переводчик с английского на могамо, с которой столкнулась исследовательница, - это миссис Форти Жозефина Азох, 45 лет, которая проповедует и переводит в церкви Ньенджеи. Когда ее спросили, что толкнуло ее в эту сферу, она ответила, что это произошло благодаря Христианскому женскому братству (ХЖС), в котором она прошла обучение без отрыва от работы. После этого она начала проповедовать. Второй причиной стал тот факт, что светский проповедник Па Мозес Тава в последнее время часто неправильно истолковывал Божье послание; эта практика сбила с пути многих христиан. Следовательно, ей пришлось вступить в область, которая, по ее убеждению, изначально была уделом мужчин. Что касается языка, на котором написаны ее проповеди, то она рассказала, что обычно они написаны на английском, но когда она поднимается на кафедру, то переводит или интерпретирует их на языке могамо. Она занимается этим уже пятнадцать лет по воскресеньям и на других христианских собраниях. По ее словам, восемьдесят процентов ее устного перевода приходится на могамо, а остальное - на пиджин-английский. Второй женщиной-переводчиком с английского на могамо является миссис Тингвей Агнес, которая выполняет работу, аналогичную той, что выполняла миссис Форти, но на этот раз в католической церкви Святого Себастьяна Батибо. По словам одного из информантов, переключение кодов очень характерно для устного перевода с английского на могамо, как видно из приведенного ниже неполного предложения:

Маленькая христианская община wei Kondum wei fa'a ishu, **потому что...**

Малая христианская община Кондума работает завтра, потому что... В Могамо вряд ли кто-то будет говорить без смешения с другими языками (информант). Помимо двух вышеупомянутых женщин, в Могамо есть множество мужчин - естественных переводчиков. О некоторых из них мы расскажем ниже. В пресвитерианской церкви Ньенджея по воскресеньям перевод с английского на могамо осуществляют следующие актеры: Нджеи Кристофер (учитель начальной школы на пенсии), Форти Кристофер (учитель начальной школы) и Нганьи Симон Фончам (фермер). По словам одного из информантов, Нганьи Симон Фончам более верен исходному сообщению и избегает переключения кодов, чем господа Форти Кристофер и Нджеи Кристофер, которые часто используют переключение кодов. Как уже говорилось, практика смены кодов вредит усвоению послания, особенно малограмотными матерями и отцами в общине. Еще один переводчик, выявленный исследователем, - 58-летний Фондох Даниэль, который выступает в роли проповедника/переводчика и старейшины в P.C. Mbunjei. Он рассказал, что устный перевод с английского на могамо - сложная задача, которая иногда приводит к неправильному переводу. Он даже привел в пример случай неправильного толкования предложения "Иисус пришел, чтобы дать мир человечеству", которое на языке могамо означало, что Иисус пришел помочиться и дать людям напиться. Ошибка возникла из-за слова "мир" в исходном сообщении, которое было понято как "моча" (неформальное английское слово, обозначающее мочу). Опасаясь неправильного или неадекватного перевода, прихожане предпочитают обходиться без "компетентного" переводчика, хотя это и вредит пожилым людям, которые не понимают и не говорят по-английски. Наконец, г-н Тебонг Роберт, 45 лет, является переводчиком и проповедником в Апостольской церкви Мбунжея. Он готовит и пишет свои проповеди на английском языке, а затем зрительно переводит их на могамо. Он также переводит других проповедников. Он занимается этой работой уже шесть лет. Этот природный переводчик также читает проповеди/переводит на общинной радиостанции под названием "Голос Могамо" (VOM). Как уже говорилось, большинство из этих естественных церковных переводчиков иногда переводят вне церкви, когда возникает необходимость. Вышеизложенное обсуждение некоторых видов англо-могхамоского устного перевода оставляет читателя с желанием узнать, какую роль играет аудитория во время таких устных переводов. Прежде чем рассказать о роли аудитории или рецепторах устного перевода, следует еще раз подчеркнуть, что некоторые заимствованные слова упоминаются в этой главе далее.

5.2.1.2 Аудитория/рецепторы

Аудитория в данном контексте означает бенефициаров или реципиентов переводческой деятельности. Как и вышеупомянутые переводчики, они различаются по происхождению, возрасту, категории или составу, уровню образования, жизненному опыту, первому языку (языкам) (Pidgin English, Moghamo, English), уровню понимания Moghamo и/или английского, а также других языков. Все вышеперечисленные различия существенно влияют на то, насколько плохо или хорошо они понимают любой устный перевод с английского на могамо. Бывает, что некоторые из них, благодаря своей способности понимать и/или говорить на могамо и английском, ясно ощущают непонимание со стороны переводчика, но не могут пожаловаться. Между тем есть и такие, кто открыто жалуется и меняет ход событий. Так произошло с пациентом, которого медсестра консультировала с помощью импровизированного переводчика. По словам Шей Луконга

Феликса, уроженца Кумбо (округ Буи), работающего в медицинском центре Святого Иоанна Божьего в Батибо, есть пациенты, которые говорят самодельным переводчикам, что сообщение, передаваемое медсестре или врачу, неверно. На вопрос о том, как ему удается успешно общаться с пациентами, говорящими и понимающими только на могамо, медсестра заявила, что использует знаки, жесты и язык тела. Опасность такого невербального языка заключается в том, что он может быть неправильно истолкован и, как следствие, привести к приему некачественных или совершенно неправильных лекарств, что, конечно же, вредит здоровью пациента. Вышеизложенную информацию и беспокойство Шей Луконг Феликс подтвердил доктор Ангвафор Самуэль, уроженец Манкона (Баменда), работающий в окружной больнице Батибо с 2007 года. По его словам, интерпретация жалоб пациентов иногда бывает ошибочной. Чтобы исключить возможность ошибочного толкования, он всегда уделяет время изучению признаков заболевания и физического выражения пациента, внимательно слушая и наблюдая за ним. Тем не менее, случаи неправильной или ошибочной интерпретации редки, учитывая, что большинство таких пациентов сопровождают их дети, которым они уже рассказали о проявлениях или признаках и симптомах болезни. В других случаях такие случаи возможны только тогда, когда пациенты приходят на консультацию без сопровождения. В последнем случае очевидны последствия для назначаемых лекарств и впоследствии для здоровья пациента. На фоне вышеизложенного возникает множество проблем при устном переводе с такого узкоспециализированного и развитого языка, как английский, на национальный язык более узкого общения, как могамо.

5.2.2 Интерпретация ландшафта в Могамо

Из вышеизложенного обсуждения устного перевода в Могамо можно выделить несколько моментов. Учитывая тот факт, что все естественные переводчики, работающие с английского языка в Могамо, не имеют специальной подготовки, а также то, что различные английские понятия недоступны в Могамо, были отмечены следующие особенности переводческого ландшафта в исследуемом районе. При устном переводе с LWC на LNC наиболее характерным и распространенным явлением является выбор кода, переключение кода, смена кода или смешение кодов (Wolff 2000:316). По мнению автора, под смешением кодов понимается любой случай чередования использования двух или более языков в одном и том же разговоре или дискурсе одним и тем же двуязычным говорящим. Таким образом, смешение кодов может принимать форму либо заимствования, либо собственно переключения кодов (Wolff 2000:316). Следует подчеркнуть, что заимствование, как уже говорилось выше, является специальной стратегией для восполнения временной или постоянной нехватки словарного запаса. В самом деле, в могамо, по сравнению с английским, постоянно отсутствуют некоторые понятия, которые легко выражаются в английском. Следуя характеристикам LWC и LNC, указанным выше во второй главе, можно с уверенностью сказать, что в Могамо не хватает заметного количества лексических единиц. Чтобы исправить такое положение дел или сократить пропасть между этими языками, смешение кодов становится временным и/или постоянным решением. Благодаря постоянной практике этот феномен кодового смешения стал неотъемлемой частью повседневных разговоров носителей я з ы к а могамо, что уж говорить о тех естественных переводчиках, которые участвуют в двуязычных коммуникациях практически постоянно. Осознавая тот факт, что смена кодов теперь занимает выгодное положение среди носителей языка могамо, эта новая форма языка стала "самостоятельным третьим кодом, доступным двуязычным носителям", помимо двух других кодов, представленных двумя языками, используемыми в монолингвальном дискурсе. Помимо прямых или частичных заимствований, переводчики англо-могхамо также прибегают к объяснениям, монетариям или адаптациям. Типичные примеры прямых заимствований или заимствованных слов из английского языка в могамо перечислены далее в этой главе. Следует отметить, что количество заимствований в общении каждого переводчика в значительной степени зависит от уровня владения английским языком и языком могамо, уровня образования, опыта и знаний, полученных на работе. Еще одна особенность обусловлена тем, что этими природными переводчиками восхищается вся община. Поскольку они обладают большой властью и пользуются большим уважением, они склонны иногда быть нечестными или даже говорить откровенную ложь, чтобы не быть униженными. В дополнение к вышеперечисленным характеристикам существует рабочая среда, которая иногда не очень подходит для устного перевода. И, наконец, не используются блокноты, как это принято у профессиональных переводчиков. Как уже было сказано выше, устный перевод с английского на могамо и наоборот осуществляется полупоследовательно. Вследствие этого блокноты здесь не являются обязательными. С отсутствием блокнотов тесно связано отсутствие кабинок для устного перевода, поскольку синхронный перевод не практикуется. Вышеперечисленные особенности создают впечатление, что устный перевод с LWC, например английского, на LNC, например могамо, будет сопряжен с множеством трудностей.

5.2.3 Трудности устного перевода с английского на могамо

При устном переводе с такого широко распространенного и высокоразвитого в научно-техническом отношении языка, как английский, на такой наименее развитый, как могамо, придется столкнуться с целым рядом проблем. Эти проблемы варьируются от уровня развития обоих языков до наличия переводчиков и передачи недостатков устного перевода от источника к целевому сообществу. Если рассматривать Могамо как самостоятельный язык, то его лексический запас настолько ограничен по сравнению с широко распространенным и развитым английским. Ярким примером является английский словарь Вебстера объемом 2129 страниц по сравнению с любым имеющимся или еще не существующим словарем могамо, который может быть не более 200 страниц. Следует подчеркнуть, что вышеупомянутый английский словарь даже не содержит всех возможных английских слов. Принимая во внимание вышеприведенный пример, очевидно, что при переводе на могамо английские слова должны быть заимствованы напрямую, придуманы или объяснены. По мнению Мутака и Таманджи (1995:231), заимствование подразумевает прямое заимствование иностранных лексических единиц из других языков в язык перевода, с которым они контактируют. Два основных фактора мотивируют заимствования: престиж и необходимость (потребность-чувство). Так, заимствования из английского языка в могамо, хотя иногда и делаются ради престижа, обычно вызваны необходимостью сделать это, чтобы справиться с притоком новых идей или концепций из английского языка. Как указывалось ранее, подходящие и легкодоступные лексические единицы в могамо для выражения ряда новых английских понятий полностью отсутствуют или их не хватает. Такое положение дел является причиной обилия английских заимствований в Могамо. Вторая проблема, с которой приходится сталкиваться, - это нехватка "естественных переводчиков". Из-за их "самодельной" природы получить доступ к ним не так-то просто. Это объясняет, почему большинство из них, особенно неуверенные в себе, не владеют предметом перевода. Временами они обращаются за помощью к тем, кто не в состоянии справиться с ситуацией. Незнание предмета, безусловно, сказывается на сообщении. Вышеупомянутая проблема порождает третью - неполноценный перевод. Как уже говорилось в разделе "Медицинский перевод", влияние на здоровье пациента огромно. Он может либо умереть от неправильных рецептов, либо оказаться парализованным. В случае с юридическим переводом обвиняемый может несправедливо отбыть тюремный срок, которого можно было бы избежать, если бы перевод был без заминок. Учитывая, что устный перевод - это в основном устная работа, можно с уверенностью сказать, что вышеперечисленные проблемы, особенно наличие иностранных слов (в частности, английского языка), влияют на то, как Могамо произносится, воспринимается и, конечно же, пишется.

5.2.4 Влияние устного перевода с английского на могамо

Влияние устного перевода с английского на язык могамо обсуждается на трех уровнях: аудитория или получатели сообщения, носители языка могамо и язык могамо. Влияние может быть как отрицательным, так и положительным.

5.2.4.1 На аудиторию

Влияние на получателей коммуникации в Могамо очевидно, как уже говорилось выше. Поскольку упомянутые выше переводчики-естественники практически не знают этического кодекса, регулирующего их профессию, аудитория, как правило, дезинформируется и даже эксплуатируется. В четвертой главе уже упоминался переводчик, который из корыстных побуждений велел одной из сторон в одном деле принести двух коз в дополнение к штрафу, наложенному участковым. В данном случае переводчик владел козами, а не передал их офицеру отдела, как он утверждал.

5.2.4.2 О спикерах Могамо

Выше уже говорилось о том, что вряд ли носитель языка могамо закончит разговор или диалог, не прибегнув к смене кода. Эта практика является не только следствием языкового контакта, но и результатом деятельности тех высокоуважаемых и даже почитаемых природных переводчиков, которые делают это безнаказанно. Поскольку ими многие восхищаются, другие носители языка склонны считать их образцами для подражания. Кодовые переключения и другие факторы вносят значительный вклад в обилие английских заимствований, существующих в Могамо.

5.2.4.3 О языке могамо

Выше уже говорилось о том, что переводческая деятельность привела к появлению множества английских заимствований в Могамо. Именно это огромное количество исследователь считает негативным фактором, поскольку оно угрожает самому существованию и выживанию могамо как независимого языка. Следствием такой практики является существование того, что исследовательница называет гибридным могамо или рождение со временем совершенно нового языка. Один из информантов даже открыто выразил страх и беспокойство по поводу того, что могамо может вымереть в ближайшие двадцать лет, если не будет сделано ничего срочного для его сохранения. С незапамятных времен язык могамо, как и любой другой язык в мире, претерпевал и будет претерпевать изменения. Кстати, что вызывает изменение языка? Подобная ситуация может быть спровоцирована целым рядом причин. Стоит отметить, что изменение языка, как и мода, непредсказуемо. Чаще всего язык развивается в результате проникновения в него иностранных слов, что в конечном итоге приводит к постоянным заимствованиям (Aitchison, 2001:139). Поэтому аксиоматично, что независимо от социального и институционального статуса языков, вовлеченных в ситуацию контакта, один из них будет заимствовать слова из другого, и наоборот.

Как уже говорилось во введении к данной работе, анализ собранных данных будет проводиться на четырех уровнях: фонологии, морфологии, семантики и лексикологии. Как и многие другие языки коренных народов, могамо - это еще не стандартизированный язык. В данной работе эти области рассматриваются синхронно и диахронно: как прошлые, так и современные характеристики могамо.

5.2.4.3.1 Фонологическое развитие

Фонология - это изучение звуковой системы языка. Всякий раз, когда два языка вступают в контакт, фонология либо языка-донора, либо языка-реципиента подвергается воздействию. Могамо не является исключением. Немногочисленные переводческие работы и устные переводы, безусловно, способствовали развитию этого языка. В данном разделе работы рассматривается влияние на произношение некоторых иностранных слов, которые теперь являются неотъемлемой частью могамо.

Таблица II: Примеры фонологического развития

Могамо	Английский язык
Bje	Груша
тере, ωed mashin	Портной
Sukà	Сахар
Тебре	Таблица
Kàsàra	Кассава
Kàràsi	Керосин
Motù	Двигатель
Алапа	обертка (ткань для вырезки)
Lobà	Резина
Aoplên	Аэроплан
Kànu	каноэ
Пасто	Пастор
Бокет	Ведро
Басико	Велосипед
Pèncere	Ручка

Ledyie	Радио
Ama	Молоток
Wàshi	часы (a)
Tàm	Время

Приведенные выше слова представляют собой небольшую выборку, демонстрирующую, как произношение языка-донора (языков-доноров) было изменено и адаптировано к звуковой модели могамо. На основании их произношения можно сделать вывод о том, что носители языка могамо в целом склонны заменять звук /r/ в языке-доноре на звук /l/: **wrapper** в английском языке произносится как àlàpa и aoplên. Следует отметить, что приведенные выше примеры - лишь два из множества случаев, в которых затрагивается звуковая система могамо.

5.2.4.3.2 Морфологическое развитие

После краткого обсуждения фонологической эволюции следующим лингвистическим аспектом, подлежащим изучению, является морфология или словообразование, в рамках которого рассматриваются только существительные множественного и единственного числа. Согласно Мутака и Таманджи (1995:233), иностранные слова обычно и регулярно подвергаются морфологическим изменениям, направленным на приведение их в соответствие с фонологическими и слоговыми структурами принимающего языка. Иногда это включает аффиксацию новых звуков в начальной позиции слов, как показано в примерах ниже:

English	Moghamo	
	Singular	Plural
Mango	*i-manga*	*mbi-mango*
Pear	*i-bié*	*mbi-bié*
Rubber	*i-loba*	*mbi-loba*
Banana	*a-banana*	*mbi-banana*
Lamp	*a-nam*	*i-nam*
Wrapper	*a-làpa*	*i-làpa*

Как показано в пяти примерах выше, гласные **i-** и **a-** являются префиксами в заимствованных из английского языка словах единственного числа, чтобы соответствовать системе классов существительных в Могамо, которая требует префикса. Аналогично, морфемы множественного числа, такие как **mbi-** и **i-**, добавляются в начальную позицию заимствованных слов, чтобы получить их формы множественного числа. Присоединение этих морфем к иностранным словам облегчает их вхождение в Могамо, тем самым оказывая на него влияние в плане морфологии. Часто некоторые из этих новообразованных слов создают семантические проблемы как для носителей, так и для не носителей языка могамо.

5.2.4.3.3 Семантическое развитие

Деятельность по устному переводу также оказала и продолжает оказывать влияние на семантику или значение слов могамо. Семантика занимается изучением значения (значений) слов в высказывании. Семантическая эволюция связана с изменением значения, которое претерпели определенные лексические единицы с течением времени. Изменения обычно провоцируются лингвистическими, историческими, социальными и психологическими причинами (McMachon, 1994:179). В связи с частотой употребления некоторые слова в Могамо в настоящее время считаются устаревшими. В других местах более молодое население (носители языка в возрасте 50 лет и младше) считает, что эти слова предназначены для очень пожилых носителей могамо. В связи с сосуществованием могамо с другими языками, некоторые из этих слов постепенно заменяются заимствованными из иностранных языков. Первый пример - слово ekam (тысяча), которое в настоящее время называют toshin mo' или toshin fibi. Очень немногие носители языка могамо поймут, что слово ekam обозначает тысячу франков. Другие примеры включают nуэi (окно) и fighai (стол), которые были заменены адаптированными заимствованными словами windo и tebre соответственно. Аналогичным образом, другое заимствованное слово, например boket, заменило оригинальное aloŋgà, которое теперь многие носители считают устаревшим. Некоторые другие слова могамо подверглись семантическому расширению в результате языкового контакта, среди них minù, означающее вино (напиток) в английском языке. Значение этого слова было расширено до таких фраз, как minùkarà или minù nemi nemire, обозначающих любой мягкий или сладкий безалкогольный напиток, и minù bié, означающее пиво или алкогольный напиток. В силу некоторых социальных причин некоторые другие слова, первоначально обозначавшие отдельные предметы, теперь имеют двойное значение, примером чему может служить слово ŋgondere, которое раньше означало только тазик. Со временем оно приобрело второе значение (молодая девушка), потому что эти тазы обычно носили молодые девушки (информация от одного информанта). Другой пример - слово ifami, которое первоначально означало число восемь. Однако с появлением синдрома приобретенного иммунодефицита (СПИДа) носители языка могамо, пытаясь найти эквивалент этой новой болезни, придали этому слову новое значение. В настоящее время, когда могамоанцы произносят слово ifami, они имеют в виду либо СПИД, либо **восемь,** поскольку оба слова произносятся одинаково по-английски. Таким образом, ifami (AIDS) - это перевод или интерпретация числа восемь. После того как мы сосредоточились на семантическом развитии, в следующем подразделе рассматривается степень влияния перевода и интерпретации на лексикон могамо.

5.2.4.3.4 Лексическое развитие

Лексика - это совокупность слов языка. Лексическая эволюция или развитие любого языка связано с заимствованными словами или введением новых в результате языкового контакта. Большинство этих иностранных слов из других языков, ставших частью языка могамо, встречаются на следующих уровнях: расширение языка через экспликацию или описание; расширение языка через прямое заимствование. Хотя другие заимствованные слова из других языков - французского, немецкого, мунгака, дуала - используются в Могамо ежедневно, представленные ниже слова взяты только из английского языка и/или его гибридной формы Pidgin English, поскольку в центре внимания данного исследования находится перевод с письма на первый язык. Помимо английских слов, которые будут выделены, в список включены и другие слова из гибридной ф о р м ы английского языка - Pidgin English. Эти слова проникли в различные сферы, такие как продукты питания и напитки, образование, религия, имена людей, жилье и предметы быта, медицина, информационно-коммуникационные технологии и несекретная коллекция из толкуемых проповедей/речей. Некоторые из слов, которые были частично или полностью заимствованы из английского и/или пиджин-английского, приведены ниже в вышеупомянутых областях. Каждый список состоит из трех колонок: Английский, Могамо и глосс/ремарка.

5.2.4.3.4.1 Продукты питания и напитки

В этой подрубрике наименования напитков, продуктов питания и других сопутствующих товаров перечислены в трех колонках, как указано выше.

(Пиджин) английский	Могамо	Глянец/марка
Сахар	suka	адаптация
Груша	бие/пиа	адаптация
Кассава	Касара	адаптация
Манго	манго	прямое заимствование
Банан	банан	прямое заимствование
Кокоям	анань кара	Вайтман
Рис	акон кара	Бобы Уайтмена
Лошадь	ньям кара	Животное Вайтман
Подорожник	Ингон Кара	Вайтман
Гато	gato	прямое заимствование
Гарри	гарри	прямое заимствование
Мука/цветы	frawa	адаптация/D.B.
Жевательная резинка	жевательная резинка	прямое заимствование
Ананас	Панапо	прямое заимствование
Puff-puff	пух-пух	прямое заимствование
Прохладительные/ сладкие напитки	мину неми/	объяснение
Безалкогольный напиток	мину кара	Напиток Уайтмена
Пиво/алкогольный напиток	миню бие	объяснение
Guiness	Гуйниши	адаптация/D.B.
'33' Экспорт	Три-три	прямое заимствование
Виски	wishiki	адаптация/D.B.

5.2.4.3.4.2 Область образования

Образование - еще одна сфера, на которую серьезно влияет перевод с английского на могамо, как показано в примерах ниже.

Английский язык	Могамо	Глянец/марка
Учитель	тича	прямое заимствование
Мел	мел	прямое заимствование
Линейка	икоге анвай	объяснение/линия книги
Школа	неб Нвай	объяснение/дом книги
Классная комната/школа	красс/класс	адаптация/D.B.
Мадам заимствование	мадам	прямой
Заимствование ручек	ручка	прямой
Карандаш	pencere	адаптация/D.B.

5.2.4.3.4.3 Область религии

В этом домене находится значительное количество иностранных слов, которые сейчас регулярно используются в Могамо.

Английский язык	Могамо	Глянец/марка
Ангел	ангриши	адаптация
Язычник	пагаин/паган	прямое заимствование
Отец/священник	фа'да	прямое заимствование
Кристиан	Кристиан/Женя Йесу	Д.Б./личность Иисуса
Порядок совершения таинств	порядок причастия	прямое заимствование
Крещение	ниге миниб	объяснение
Посвящение	освящение	прямое заимствование
Католик	каторо	адаптация/ D.B.
Алтарь	алтарь	прямое заимствование
Причастие	причастие/итари	прямое заимствование
Масса	масса	прямое заимствование
Церковь	церковь/Неб Нвей	прямое заимствование
Сатана	сатана	прямое заимствование
Пост	fastiñ	прямое заимствование
Покаяться	созревать	прямое заимствование
Библия	babre	адаптация/D.B.
Наказание	понизмын	прямое заимствование
Наказать	Пони	адаптация/D.B.
Рождество	krisimed	адаптация/D.B.
Иисус Христос	Есу Кристо	адаптация/D.B.

5.2.4.3.4.4 Имена лиц

Английские имена, заимствованные в Могамо, включают в себя смесь английских и могамовских имен, английских и английских слов или объяснение события, которым дорожит носитель того или иного имени. В этот список также включены примеры пиджин-английских имен.

(Пиджин) Английский Могамо Глосс/Ремарка

Прямое заимствование Мэри Мэри
Прямое заимствование Сьюзен Сюзанна
Ангелина Ангелина прямое заимствование
Прямое заимствование Питера Пита
Парламент (ариан) Parliat Адаптация/абривиатура
Хорошая смесь для воскресенья
Файнбой Файнбой Файнбой
Аноно Аноно Я не знаю.
Аношаби Аношаби Я не знаю (этого)
Фаинграши Фаинграши Изящное стекло
Godnode Godnode Бог не существует
Анолекам Анолекам Мне это не нравится
Аногетам Аногетам У меня нет
Справедливый человек Справедливый человек

Приведенный выше список не является исчерпывающим, поскольку он довольно длинный и разнообразный. Согласно Werebesi (2008:117), с именем Аноно связана одна история. Эта история гласила, что на контрольно-пропускном пункте его спросили, как его зовут, и он ответил: Аноно. К несчастью для этого джентльмена, полицейский на контроле неправильно понял его и решил, что тот дразнит его, отказываясь назвать свое имя. Ситуация привела к серьезной ссоре, и если бы не вмешательство других пассажиров, которые объяснили, что это настоящее имя мужчины, его бы выпороли и отправили в полицейский участок.

Как уже говорилось выше, некоторые имена давались детям в честь определенного события в жизни родителей. Примером тому служит имя Парлиам. Это имя дал своей дочери фон Г.Т. Мба II (покойный), чтобы напомнить о периоде, когда он был членом парламента от Батибо (1978-1983) в Национальной ассамблее Камеруна. Дальнейшие исследования, несомненно, выявят причины, стоящие за другими именами.

5.2.4.3.4.5 Предметы домашнего обихода и жилье

Это еще одна область, в которой иностранные слова из английского языка регулярно используются в Могамо в результате отсутствия этих понятий в последнем. Это можно проиллюстрировать на следующих примерах:

Английский язык	Могамо	Глянец/марка
Цинк	Цинк	прямое заимствование
Цинк	ичок кара	Уайтмэн - это
Таблица	тебре	прямое заимствование
Лампа	анам	чеканка/адаптация
Стекло	граши	чеканка/адаптация
Окно	windo	прямое заимствование
Шкаф	шкаф	прямое заимствование
Подушка	pire	чеканка/адаптация
Факел	факел	прямое заимствование

Стоит подчеркнуть, что, как и в других областях, этот список не исчерпан. Как видно из вышесказанного, иностранные слова были либо заимствованы напрямую, либо придуманы и адаптированы к звуковой системе могамо.

5.2.4.3.4.6 Медицинский домен

Медицина - еще одна область, в которой английские заимствования легко используются в Могамо. Традиционная медицина появилась в Могамо с приходом миссионеров и/или колониальных владык, как описано в четвертой главе данной работы. Именно по этой причине английские понятия, которые изначально отсутствовали в Могамо, были просто заимствованы или придуманы, чтобы адаптировать их к языку Могамо. В ходе данного исследования были выявлены слова, представленные ниже.

English	Moghamo	Gloss/Remark
Doctor	docta	direct borrowing
Nurse	noshi	Coinage/D.B.
Hospital	watabita	coinage/adaptation
Hospital	néb won	House of illness
Hospital	woshbita	direct borrowing
Fever	fiba	direct borrowing
AIDS expansion	ifami	eight/ semantic

Последнее слово, ifami, теперь имеет двойное значение в Могамо с появлением ВИЧ/СПИДа. Возможная причина заключается в том, что **СПИД** звучит как цифра **восемь,** которая эквивалентна ifami в Могамо. По этой причине носители языка могамо не видят ничего плохого в том, чтобы называть вышеупомянутое заболевание именно так.

5.2.4.3.4.7 Информационные и коммуникационные технологии (ИТК)

Информация, уже упомянутая ранее в этой главе, показывает, что до появления ИТЦ у коренных жителей Могамо были свои собственные средства коммуникации. С появлением новых понятий, привнесенных ИТЦ, большинство новых терминов были заимствованы. В сегодняшнем лексиконе могамо регулярно используются такие заимствованные слова, как ledyie (радио), terevision (телевидение), letter, internet и email. Сейчас эти слова используются в ущерб тем средствам коммуникации, которые регулярно применялись в прошлом.

5.2.4.3.4.8 Несекретная коллекция из интерпретированных проповедей / речей

После выделения (пиджин) английских заимствований из конкретных областей, обычно используемых в Могамо, важно представить список неклассифицированных заимствованных или иностранных слов, собранных из интерпретированных проповедей, речей и/или интервью, прослушанных и/или записанных на пленку в ходе исследования. Во введении к данному исследованию в разделе "Методология" было указано, что сбор данных осуществляется посредством записи интерпретированных проповедей/речей и интервью, что и является смыслом существования данного сбора на данный момент. Слова, выделенные курсивом, перечислены в любом порядке. Среди них - титул, совет, мэр, прозвище (любезно предоставлено Его Королевским Высочеством Фон Ричардсоном Мба Форкумом из Бесси), Йесо (Иисус), Сатана, Мами Вотер Пауло (Павел), Коринто (Коринфянин) и группа (любезно предоставлено Мба Мартином из Р.С. Бесси). Следующая группа заимствованных слов была взята из проповеди, прочитанной Эриком Ндангохом 21 марта 2010 года, и переведена Форти Кристофером: Евреям, глава 7, стихи 24-27, Иисус Христос, вечный мир, священник, каторо, греки, Ветхий Завет, mbi закон Nwei (Божьи законы), власть, pasto, проповедник, пророк, взятка и коррупция, Shatan, церковь, distob (беспокоить), учитель, ангел Nwei (Божий ангел), Псалмы 34, первосвященник и Аминь. Последний набор был взят из проповеди, прочитанной Форти Кристофером и интерпретированной Нганьи Симоном Фончамом в воскресенье 11 апреля 2010 года: униформа, Иерусалим (Иерусалим), осел, израильтяне, проет, Вербное воскресенье, Откровения, бере-еврей, солдат и снег.

Что касается остальных (Werebesi 2008:128), то они собраны из интервью: как я говорил, и так, потому что, так, polishi (польский), somonsi (повестка), garum (караульное помещение), washi (часы), tam (время), main (ум), chusi (выбирать), offisa (офицер), porishi (полицейский), shanatre (санитар), kamfa (камфора), manyo (навоз), fipti (пятьдесят франков), franshi (французский), shimi (слип: женское нижнее белье) и троша (брюки).

Из приведенной выше подборки стало ясно, что количество иностранных слов, встречающихся в версии переводчика, зависит от ряда причин: степени знакомства с английским языком (в городе, школе или деревне), уровня образования, профессии и жизненного опыта. Эти факты были наглядно продемонстрированы на примере перевода Форти Кристофера в сравнении с переводом Нганьи Саймона Фончама. Следует напомнить, что первый - учитель начальной школы, который регулярно знакомится с английским языком, а второй - фермер, большую часть времени проводящий в деревне. Это заявление, однако, сомнительно, поскольку принципы профессии не терпят такого смешения кодов. Из приведенных выше списков заимствованных слов в различных сферах следует, что Могамо может исчезнуть в недалеком будущем. Не менее вероятно, что эта практика может даже перерасти в совершенно другой язык. В связи с этим множеством (пиджин) английских слов исследователь считает, что перевод с LWC, например английского, на LNC, например могамо, негативно сказывается на последнем, хотя это мнение спорно.

ГЛАВА VI

ОБЩЕЕ ЗАКЛЮЧЕНИЕ

6.0 Введение

В последней главе работы представлены общие выводы, в которых подводятся итоги работы, делается обобщение полученных результатов, проверяется гипотеза, даются рекомендации, указываются трудности и высказываются предложения по дальнейшему исследованию.

6.1 Синопсис произведения

Посещая церковные службы, судебные заседания и слушая речи носителей языка могамо, можно обнаружить, что устный или письменный перевод наполнен обилием заимствованных слов из английского, пиджин английского и других колониальных языков могамо. Временами возникает вопрос, не превратит ли это огромное количество иностранных слов могамо в гибридный язык или пиджин могамо. Именно на этом фоне исследовательница поставила перед собой задачу изучить проблемы, возникающие при переводе с языка более широкого общения на язык более узкого общения: на примере английского и могамо. Другими словами, работа была направлена на описание того, насколько успешным или неуспешным может быть устный перевод с английского на могамо. В связи с вышеизложенной проблемой была выдвинута гипотеза, что для адекватного и легкого устного перевода с более широкого языка общения, такого как английский/пиджин английский, на более узкий язык общения, такой как могамо, последний должен быть развит лингвистически. Если этим пренебречь, у переводчика, работающего с любого языка LWC на могамо, всегда будут возникать проблемы. Для того чтобы выяснить, насколько вышеуказанная цель может быть достигнута, а гипотеза проверена, в качестве инструментов сбора данных использовались интервью и наблюдение за участниками.

6.2 Обобщение выводов

В результате проведенного исследования были получены следующие выводы:

a- Перевод с такого языка, как английский, на такой язык, как могамо, сопряжен с множеством проблем. Очевидно, что именно эти многочисленные проблемы способствовали появлению множества заимствованных слов, которые наводняют любой перевод с английского на могамо;

b- С этой проблемой тесно связано смешение кодов и переключение кодов переводчиками с английского на могамо в целом и носителями могамо в целом;

c- Было также обнаружено, что устный перевод с английского на могамо оказывает как негативное, так и позитивное влияние на последний. Хотя предполагается, что когда два языка вступают в контакт, оба извлекают пользу друг из друга. В данной паре это не так, поскольку, похоже, именно английский язык является доминирующим, что может привести к исчезновению могамо, если не принять меры;

d- Точнее, именно менее развитый язык больше заимствует у более развитого, как это видно на примере контакта между могамо и английским. Такая практика объясняется отсутствием в могамо множества английских понятий. На самом деле, фонология, лексика, морфология и семантика могамо обогатились и продолжают обогащаться до тех пор, пока оба языка остаются в контакте. Стоит повторить, что некоторые понятия, существовавшие в могамо до контакта с английским, просто исчезли и уступили место новым понятиям из языка-донора (английский - LWC);

e- Не хватает квалифицированных переводчиков с английского на могамо. С этой работой справляются только временные природные письменные/устные переводчики; и

f- В настоящее время профессиональный перевод в Могамо полностью отсутствует или не практикуется вообще; и
В результате такого положения дел естественные переводчики легко и быстро прибегают к прямым заимствованиям каждый раз, когда оказываются в затруднительном положении. Эти выводы были сделаны не без труда.

6.3 Проверка гипотезы

Прежде чем говорить о вкладе данного исследования в науку, необходимо проверить гипотезу. Во введении к данной работе была выдвинута гипотеза о том, что для правильного и легкого перевода с LWC, такого как английский, на LNC, такой как могамо, последний должен быть развит лингвистически. Также было добавлено, что если игнорировать это положение дел, то при устном переводе с английского на могамо всегда будут возникать проблемы. В результате полевого исследования и анализа собранных данных на фонологическом, семантическом, морфологическом и лексическом уровнях в пятой главе стало очевидным, что выдвинутая гипотеза является обоснованной.

6.4 Вклад в науку

Хотя это сравнительное исследование языка более широкого общения с языком более узкого общения, возможно, и не является первым, очевидно, что акцент, сделанный на устном переводе с английского на могамо, - первый в своем роде. Одним словом, до сих пор не было написано ни одного документа, посвященного устному переводу с первого языка на второй. Поэтому данная работа является вкладом в науку в части исследований в этой области. Учитывая, что развитие языков коренных народов, в том числе могамо, подавлялось колониальными властями, данная работа является шагом к обращению этой тенденции вспять. Английские заимствованные слова, собранные в данном исследовании, являются вкладом в развитие языка могамо. В основном эти иностранные слова показывают, насколько Могамо развился на фонологическом, семантическом, морфологическом и лексическом уровнях благодаря контакту с английским языком. Кроме того, эта работа призвана обратить внимание разработчиков и заинтересованных сторон на необходимость принятия срочных мер, пока коренные языки не были отброшены в пользу языков "престижа". В то же время это скромный вклад в сохранение языка могамо, который быстро истощается из-за высокого уровня оттока населения из сельских районов, распространения грамотности, межплеменных браков и культурного отчуждения. Самое главное, что еще не разработанный или не задокументированный язык могамо необходимо сохранить как можно быстрее, пока не умерли те немногие мудрецы и мудрые женщины, которые еще живы. Учитывая вышеизложенный вклад в науку, необходимо указать на некоторые неудачи и дать некоторые рекомендации, которые могут спасти такие ситуации в будущем.

6.5 Возникшие трудности и рекомендации

Прежде чем переходить к рекомендациям, следует отметить препятствия, с которыми пришлось столкнуться в ходе исследования.

6.5.1 Встречающиеся препятствия

Как уже говорилось, в ходе исследования исследователь столкнулся с рядом трудностей. Среди них:
- Большинство переводчиков, представленных в этом исследовании, трудно было найти на работе, но только по воскресеньям.

- Исследователю было отказано в доступе в зал суда, чтобы записать на пленку все дела, по которым велась интерпретация;
- Доступные книги, написанные о Могамо, было нелегко найти; и
- Опрошенные переводчики рассказали, что частое использование заимствований из английского языка связано с нехваткой английских понятий в Могамо. Ситуация усложняется, когда речь

идет о научных, технологических, медицинских и т. д. понятиях.

6.5.2 Рекомендации

В связи с вышеупомянутыми трудностями, возникшими при проведении данного исследования, представляются необходимыми следующие рекомендации:

- Могамо, как язык, должен быть развит и поднят до приемлемого уровня, чтобы он мог конкурировать с западными и хорошо развитыми языками, такими как английский;

- Для успешного выполнения вышеупомянутой рекомендации могамо должен преподаваться во всех начальных и средних школах, расположенных в окрестностях Могамо, и даже в университете, если таковой имеется;

- Необходимо, чтобы МОЛКОМ в срочном порядке рассмотрел процесс кодификации алфавита Могамо;

- Также необходимо ускорить процесс гармонизации и стандартизации четырех диалектов могамо, о которых говорится в четвертой главе данной работы;

- Учитывая трудности, с которыми сталкиваются переводчики с английского языка на могамо, необходимо, чтобы школы письменного и устного перевода в стране организовывали краткосрочные курсы, чтобы обучить их основам профессии (практика и деонтология); и

-На любом семинаре, организованном в стране Могамо, первым языком должен быть Могамо, чтобы придать авторитет языку и тем самым способствовать его развитию.

6.6 Предложения по дальнейшим исследованиям

Учитывая вышеизложенные недостатки и рекомендации по данной работе, можно предложить множество вариантов дальнейших исследований. К ним относятся:

- Проведение исследования ставок, связанных с устным переводом с языка более узкой коммуникации на язык более широкой коммуникации;

- Учитывая обилие заимствований, используемых в настоящее время при переводе с английского на могамо, составление полного списка всех этих иностранных слов и предложение их эквивалентов на могамо будет весьма приветствоваться;

- Один из выводов показал, что Могамо обогатился благодаря контакту с английским языком. Поэтому необходимо также исследовать, обогатился ли английский язык в результате контакта или нет;

- Изучение и составление всех пословиц, сказок и загадок Могамо на ночь также может внести большой вклад в сохранение Могамо; и

- Написание истории Могамо полностью на языке Могамо также может способствовать развитию этого языка.

Если все вышеперечисленные неудачи, рекомендации и предложения по дальнейшим исследованиям, а также многое другое будет учтено, Могамо перестанет "распадаться" на гибридные языки, вымирать или даже становиться мертвым языком.

БИБЛИОГРАФИЯ

Адегоджу, А. (2006), Развитие Африки: Фокус на нигерийскую среду в африканской лингвистике и развитии африканских сообществ, Дакар, CODESRA.

Агборем, Е-Е. (2005), История письменного и устного перевода в дивизионе Манью: Исследование на примере кенийского языка, Университет Буэа, неопубликованная диссертация.

Анчимбе, Э.А. (2006), Камерунский английский: Аутентичность, экология и эволюция, Франкфурт-на-Майне, Петер Ланг.

Эйтчисон, Дж. (1991), Изменение языка: Progress or Decay?, 3rd Ed., Cambridge, Cambridge University Press.

Айафор, М. (2006), Камток (пиджин) набирает силу в Камеруне, в Африканской лингвистике и развитии африканских сообществ, Дакар, CODESRA.

Барбер, К. (2000), Английский язык: A Historical Introduction, Cambridge, Cambridge University Press.

Basien, F.V. and Meuleman, C. (2004), Dealing with Speakers' Errors and Speakers' Repairs in Simultaneous Interpretation: A Corpus-based Study, pp. 59-82, in The Translator, Vol.10 (1), Manchester, St. Jerome Publishing.

Бамгбозе, А. (1991), Язык и нация: Языковой вопрос в Африке к югу от Сахары, Эдинбург, Издательство Эдинбургского университета.

Билоа, Э. (2004), Заимствования из европейских языков в африканских языках:

Межкультурные отношения и необходимость, Яунде, Университет Яунде I.

Болинджер, Д. (1968), Аспекты языка, Нью-Йорк, Харкорт.

Боуэн, М. (2000), Общественный перевод, aiic.net.

Бойд, С. (1985), Выживание языка: исследование языковых контактов, языковых сдвигов и выбора языка в Швеции, Кембридж, Издательство Кембриджского университета.

Кэтфорд, Дж. К. (1965), Лингвистическая теория перевода: An Essay in Applied Linguistics, London, Oxford University Press.

Чарльз, Т. (2009), Случай для общинной переводческой коммуникации с/на африканские языки: Некоторые организационные и управленческие вопросы на макроуровне в книге "Перспективы письменного и устного перевода в Камеруне", стр. 113-124, Баменда, Langaa Research Publishing.

Чернов, Г.В. (1995), Забота о смысле в синхронном переводе в учебнике "Обучение переводу и интерперетации" 3, с.223-232, Амстердам, издательство Johns Benjamins.

Чиа, Е.Н. (2006), Спасение исчезающих языков для национального развития в Африканской лингвистике и развитии африканских сообществ, стр. 115-128, Дакар, CODESRA. и др. (2009), Перспективы письменного и устного перевода, Баменда, Langaa Research and Publishing.

Чилвер, Э.М. (1966), Зинтграфф, Исследования в Баменде, Адамаве и землях Бенуэ 1889-1892, Буэа, правительственная типография.

Кристенсен, Дж. Т. (1986), Эффективная программа обучения для сотрудников переводческих организаций, стр. 14-16, в журнале The Interpreter, том 17 (14), Калифорния, Западная ассоциация переводчиков.

Чумбоу, Б.С. (1980), Язык и языковая политика в Камеруне в книге Kale,N. (1998), Языковое планирование и национальное развитие: случай Камеруна, доклад, представленный на 20th Международном симпозиуме Лаунда, Университет Дуйсбурга.

Кристал, Д. (2000), Языковая смерть, Кембридж, Издательство Кембриджского университета. Delisle, J. (1977), Les pionniers de l'interprétation au Canada, Meta 22 (1), pp.5-14.

Эбот, В.А. (1995), Культура и языковой динамизм, в Epasa Moto, том 1 (2), стр. 90-101.

Эдвардс, Дж. и Якобсон, М.А. (1987), Стандартная и региональная стандартная речь: Distinctions and Similarities in Language in Society, Vol. 16 (3), Cambridge, Cambridge University Press.

Elsevier, (1980), Conference Terminology, 4th Ed. Издательство: en.wikipedia.org/wiki/language_interpretation

Эсвардс, А. Б. (1995), Практика судебного перевода, Амстердам, издательство John Benjamins.

Фентон, С. (2001), "Овладейте почвой": Interpreting in Early New Zealand, PP. 1-18, в журнале The Translator, том 7 (1), Манчестер, St. Jerome Publishing.

Фоньонга, М.Б. (2004), Вклад миссионерского перевода Базеля в развитие Мунгаки, Университет Буэа, неопубликованная диссертация.

Гайл, Д. (2001), Конференц- и синхронный перевод в Routledge, pp.40-45, Лондон, Routledge.

Гиллис, А. (2005), Запись нот для последовательного перевода - краткий курс, Манчестер, издательство St. Jerome Publishing.

Гордон, Р.Г.мл. (ред.) (2005), Этнолог: Языки мира, 15th Ed. Даллас, Техас, SIL International.

Гренобль, Л.А. (1999), Языки, находящиеся под угрозой исчезновения: Утрата языка и реакция сообщества в языковых проблемах и планировании, стр. 233- 250, Амстердам, издательство John Benjamins.

Граймс, Б.Ф. ред. (2002), Этнолог: Языки мира, 14th Ed.Dallas, Summer Institute of Linguistics.

Гатр, Э. (1953), Языки банту Западной Экваториальной Африки, Лондон, Oxford University Press.

Хольм, Дж. (1988), Пиджин и креолы, Кембридж, Издательство Кембриджского университета.

Hoof, H.V. (1963), Théorie et pratique de l'interprétation, Munchen, Max Hueber Verlag.

Ишем, У.П. (1998), Сурдоперевод в Routledge, стр. 231-235, Лондон, Routledge.

Жак, Э. (1990), Перевод и интерпретация: одна и та же функция, два разных подхода, Буэа, неопубликованная диссертация.

Джонс, Р. (2002), "Устный перевод на конференциях: объяснение", Манчестер, издательство "Сент-Джером".

Жюльен, Н.М. (2005), Traduction en Basaa du Cameroun : Etude de quelques emprunts du français, de l'anglais et de l'allemand, Университет Буэа, неопубликованная диссертация.

Калина, С. (1994), Анализ работы устных переводчиков: Методы и проблемы, стр. 225-232,в книге "Преподавание Перевод и устный перевод 2, Амстердам, издательство John Benjamins.

Катан, Д. (2004), Перевод культур: Введение для переводчиков, интерпретаторов и посредников, Манчестер, издательство St. Jerome.

Kim, Y.Y. and Gudykunst, W.B. (1988), Theories in Intercultural Communication, London, SAGE Publications.

Копчински, А. (1992), Качество в устном переводе на конференции: Some pragmatic problems, pp. 189-198, in Translation Studies: An Interdiscipline, Amsterdam, John Benjamins Publishing Company.

Крамер, К. (1999), Официальный язык, язык меньшинства, вообще без языка: История мангедонского языка в начальном образовании на Балканах в журнале "Языковые проблемы и планирование", стр.

233-250, Амстердам, издательство John Benjamins. Kouega, J-P. (2008), Заимствования из некоторых языков коренных народов Камеруна

Английский язык, Ализес 16, с. 100-111, Университет Реюньона.

Курултай, Т. и Булут, А. (2001), Переводчики-помощники при бедствиях: Общинные переводчики в процессе управления стихийными бедствиями, стр. 249-264, в журнале "Переводчик", том 7 (2), Манчестер, издательство St. Jerome Publishing.

Ледерер, М. (1981), La traduction simultanée, expérience et théorie, Paris, Lettres modernes.

(2003), Перевод: Интерпретативная модель, Манчестер, издательство St. Jerome.

Лох, Е.Е. (2005), Аспекты фонологии и орфографии нженского языка, Буэа, неопубликованная диссертация.

M.L.C. (2005), Метаязыковой дневник, Мбенгви, MECUDA.

Мейсон, И. (1999), Диалоговый перевод в журнале The Translator, том 5 (2), Манчестер, St. Jerome Publishing.

Мейсон, И. и Халим, Б. (1997), Переводчик как коммуникатор, Лондон, Routledge.

Массанга, Д. В. (1983), Разговорный английский язык образованных людей из Могамо: Фонологическое исследование, докторская диссертация 3-го цикла, Университет Яунде. Мба, Г.

(2006), Критерии общего характера обучения материнским языкам в системе образования, Африканская лингвистика и развитие африканских сообществ, стр. 78-87, Дакар, CODESRA.

Мбах, Х. (1983), Происхождение клана Могамо, неопубликованное. Мбах, Н.М. (2005), Руководство по орфографии могамо, неопубликованное (2007), Лексикон могамо-английского языка, неопубликованное.

Мбуфонг, П.К. (2009), Как знание камерунских пиджинов может помочь в изучении и преподавании английского языка, в Epasa Moto, том 4 (1), стр. 91-104 в англоязычном Камеруне в English Today, том 17 (3), стр. 52-54.

МакМахон, А.М.С. (1994), Понимание языковых изменений, Кембриджское университетское издательство.

Менгет, Дж. (1999), Дневник Могамо, 1st , Батибо, BRC/NAMOCUDA Миккельсон, Х. (?) Профессионализация устного перевода в общинах, aiic.net.

(2000), Введение в судебный перевод, Манчестер, издательство St. Jerome.

Мудох, М.М. и другие (2005), Обращение, представленное модератору пресвитерианской церкви в Камеруне, преподобному Ньянсако.

Ни-Нку по случаю закладки первого камня в основание нового церковного дома в Бесси сегодня, 6th февраля 2005 года.

Мутака, Н.М. и Таманджи, П.Н. (1995), Введение в африканскую лингвистику, Яунде, неопубликованная диссертация.

Нама, К. А. (1989), Африканский переводчик и изменение языка: Теоретические, практические и националистические соображения, Epasa Moto 1(1), pp. 15-29.

(990), История письменного и устного перевода в Камеруне с доколониальных времен до наших дней, Мета, том 35 (2), с. 356-369.

Нди, Е.А. (2009), Фон Г.Т. Мба II: 1922-2005, Баменда, Agwecams Printers. Неба, А.Н., Чумбоу, B.S. and Tamanji, P.N. (2006), На пути к универсальности адаптации заимствований: случай камерунских языков в Африканской лингвистике и развитии африканских сообществ, Дакар, CODESRA.

Ньюмарк, П. (1982), Подходы к переводу, Оксфорд, Пергамон Пресс.

(1988), Учебник перевода, Лондон, Prentice Hall.

Нгоа, М.А. (2006), Les enjeux de la traduction en langues africaines: le cas du Cameroun в Африканской лингвистике и развитии африканских сообществ, стр. 46-53, Дакар, CODESRA.

Нгва, Дж. А. (1977), Новая география Камеруна, Англия, Лонгман. Николсон, Н.С. (1999), Разработка языковой политики для переводчика

Услуги Исполнительного бюро по рассмотрению иммиграционных дел в области языковых проблем и языкового планирования, том 23 (1), стр. 37-63, Амстердам, John Benjamins PublishingCompany.

Нильски, Т. (1967), Переводчики и интерпретаторы, с. 45-49, в Мета, том 12 (2), Монреаль, Les Presses de l'Université de Montréal.

Ньянг, С.М. (2001), Правительство и политика в стране Могамо: 1800-1961, Баменда, Esang Business Services.

Сестра,Д. и Хайне Б. (2000), Африканские языки: Введение, Кэмдридж, Издательство университета Кэмдриджа.

Оджо, А. (1986), Роль переводчика африканской письменной литературы в межкультурном сознании и взаимоотношениях в аспектах литературного перевода в Мета XXI (3), Монреаль, Les Presses de l'Université de Montreal.

Osofisan, F. (2000), The Intellectual Deficit in Nigeria's Quest for Development, Available online at www.allafrica.com.html,pp. 1-4.

Phelan, M. (2001), The Interpreter's Resource, Clevedon, Multilingual Matters Ltd.

Похлакер, Ф. (1994), Обеспечение качества при синхронном переводе, стр. 233-242, в книге "Преподавание письменного и устного перевода 2", Амстердам, издательство John Benjamins.

Пайм, А. (2000), Переговоры на границе: Переводчики и интеркультуры в испаноязычной истории, Манчестер, издательство St. Jerome Publishing.

Риккарди, А. (1995), Языковые стратегии в синхронном переводе в учебнике "Обучение письменному и устному переводу", 3, стр. 213-222, Amstaredam, Johns Benjamins Publishing Company.

Роже, Л.А.Н. (2004), "Отголоски колониальных языков в языке йемба", Университет Буэа, неопубликованная диссертация.

Rozan, J.-F. (1984), La prise de notes en consécutive, Genève, Librairie de l'Unversite de Georg S.A.

Саламар-Карр, М. (2001), Интерпретативная теория в Routledge, стр. 112-114, Лондон, Routledge.

Самах, А. А.А. (2005), Появление, рост и влияние "новых церквей" в Могамо, 1974-2004, Яунде, неопубликованная диссертация.

Schjodager, A. (1995), Assessment of Simultaneous Interpreting, pp.187- 195, in Teaching translation and Interoreting 3, Amsterdam, John Benjamins Publishing Company.

Seleskovitch, D. (1968), L'interprète dans les conférences internationales: problèmes de langues et de communication, Paris, Lettres modernes.

(1978), Устный перевод на международных конференциях: Проблемы языка и коммуникации, Вашингтон, Библиотека языка.

и Ледерер, М. (1986), Interpreter pour traduire, Collection traductologie no. 1, Париж, Дидье.

Шаттлворт, М. и Кови, М. (1997), Словарь по переводоведению, Манчестер, издательство St. Jerome.

Тададье, М. и Садембуо, Э. (1984), Общий алфавит камерунских языков, двуязычное издание, Яунде, серия PROPELCA.

Руководство по написанию диссертации, (2004), Буэа, АСТИ

Таманджи, П.Н. (2001), Косвенные заимствования; источник лексического расширения, Яунде, Университет Яунде I.

Танда, В. (2006), Социолингвистические аспекты утраты языка: исследование ситуации в Камеруне в Chia et al, 18-36,Лимбе, ANUCAM.

Танда, В. и Табах, Э. (2005), Влияние глобализации на африканские языки и ораторское искусство в Chia et al, pp. 1-15, Лимбе, ANUCAM.

Tanyi,A.(1992), Translation in a Multinational Context: the Case of Cameroon, Buea University Centre, Unpublished Thesis.

Тата, Ж.Ю. (1993), Критический анализ профессионального перевода в Камеруне 1960-1993, Университет Буэа, неопубликованная диссертация.

Tene, A.N. (2009), La pratique de la traduction et de l'interprétation dans une société multilingue: Défis et perspectives в Perspectives on Translation and Interpretation in Cameroon, pp. 59-70, Bamenda, Langaa Research Publishing.

Тим и др., (1970), Катехизис и молитвенник на пиджин-английском и могамо, Батибо, Католическая церковь.

Тимоти-Асобеле, С.Дж. (2007), Разрешение конфликтов и миротворчество: Роль письменных и устных переводчиков, Лагос, Верхний Стандартные издания.

Узоаку, О.А. (2006), О завязанных языках и исчезающих Voices: Последствия для развития Африки в‡ African
Лингвистика и развитие африканских сообществ,
Дакар, КОДЕСРА.

Ваденшо, К. (2001), Общественный перевод в Routledge, стр. 29-40, Лондон, Routledge.

Уорлхоу, Р. (1992), Введение в социолингвистику, Оксфорд, Блэквелл.Уил, Э. (1997), От Вавилона до Брюсселя: Конференц-устный перевод и искусство невозможного, в Невербальная коммуникация и перевод, стр. 295-3112, Амстердам, John Benjamins Publishing Company.

Веребеси, Л.Т. (2008), Влияние перевода и интерпретации н а эволюцию языка могамо: Историческая перспектива, неопубликованная диссертация Университета Буэа.
web.wanadoo.b/brain.huerbner/interp.htm

Вайнрайх, У. (1964), Языки в контакте: Findings and Problems, 3rd Ed. London, Mouton and Co.William, P.I. (1998), Signed Language Interpreting in Routledge, pp.231-235, London, Routledge.

Вольф, Х.Э. (2000), Язык и общество в африканских языках: An Introduction, pp. 298-347, Cambridge, Cambridge University Press.
Йоланде, P.L.T. (2004), Traduction et échanges interculturels : cas duBasa'a et du fancais, Университет Буэа, неопубликованная диссертация.
Вебстер, Н. (1979), Webster's New Twentieth Century Dictionary, 2nd Ed.New York, New World Dictionaries/Simon and Schuster.www.inter-trans-biz 19/04/2010

ПРИЛОЖЕНИЯ

ПРИЛОЖЕНИЕ I: ПРИМЕРНЫЕ ВОПРОСЫ, ИСПОЛЬЗУЕМЫЕ ДЛЯ ИНТЕРВЬЮ

I- Вступление и объяснение цели интервью

II-Интервью надлежащим образом

1) Как вас зовут?

2) Какова ваша профессия?

3) Сколько тебе лет?

4) К какой конфессии вы принадлежите?

5) Регулярно ли вы говорите на могамо? Если да, то где и с кем? Если нет, то почему?

6) Есть ли какие-либо различия в качестве Могамо, на котором говорят сегодня, по сравнению с тем, на котором говорили столько лет назад?

7) Каковы причины таких различий?

8) Вам когда-нибудь попадались документы, написанные на могамо?

9) Если ответ в (8)n положительный, кто является авторами таких произведений?

10) Сколько конфессий сосуществует в Могамо?

11) Когда вышеупомянутые группы прибыли на землю Могамо?

12) Как обеспечивалось эффективное общение между миссионерами и туземцами, и кто был их переводчиками?

13) Какой код использовался для общения в Могамо?

14) На каком языке сейчас проповедуется Слово Божье в церквях вокруг Могамо, и кто служит переводчиками?

15) Кто был первым миссионером, ступившим на землю Могамо, и кто был их переводчиком?

16) На каких языках проповедовали верующим или христианам по воскресеньям и в другие дни?

17) Назовите имена проповедников, участвовавших в этом мероприятии.

18) Какие факторы побудили и продолжают побуждать к устному переводу с английского на могамо?

19) Оказывает ли переводчик влияние на Могамо?

20) Перечислите некоторые из регулярно используемых иностранных слов в Могамо в результате устного и/или письменного перевода.

21) По вашему мнению, это влияние положительное или отрицательное?

22) Что можно сделать, чтобы сохранить Могамо или предотвратить его вымирание?

ПРИЛОЖЕНИЕ II: СПИСОК НЕКОТОРЫХ ИНТЕРВЬЮИРУЕМЫХ

Имя	Дата Интервью	Профессия	Возраст
Его Королевское Высочество Фон Ричардсон Мбах	28/02/2010	Традиционная линейка	Более 90 лет
Господин Мбах Мартин	28/02/2010	Радиоведущий на пенсии / Церковный переводчик	73
Г-н Мбах Мбах Джавара	28/02/2010	Проповедник/переводчик	23
Господин Фондех Даниэль	28/02/2010	Учитель/переводчик	58
Миссис Форти Жозефина Азох	01/о3/2010	Проповедник/переводчик	45
Мистер Тебонг Роберт	01/03/2010	Проповедник/переводчик	45
Мистер Форти Кристофер	21/03/2010	Учитель/переводчик	55
Фон Муйя Джозеф II	16/08/2010	Традиционная линейка	Около 50
Г-н Мбабид Эдвин	16/08/2010	Вещатель с VOM	
Г-н Шей Луконг Феликс	16/08/2010	Медсестра (не Родной)	
Г-н Мба Лукас Абуро	16/08/2010	Р/д переводчик с судом	
Доктор Ангвафор Самуэль	17/08/2010	Доктор медицины	

Milton Keynes UK
Ingram Content Group UK Ltd.
UKHW020844180124
436254UK00001B/143